公務員女子のおしごと相談室

村川美詠

学陽書房

はじめに

おかげさまで、前著『自分もまわりもうまくいく！　公務員女子のおしごと帳』は公務員女子だけでなく、多くの方々に読んでいただきました。自分としては「こんな普通の公務員の普通の体験談でいいのだろうか」と恐る恐る出版したというのが本音ですが、「わかる！　わかる！　私も同じ気持ちです」「これなら私もできるかもと思いました」「公務員女子のお守りのような本です」とたくさんの共感のメッセージをいただき、本当に書いて良かったと思いました。読んでくださった方々に心から感謝を申し上げます。

中にはありがたいことに、「続編として、今まさに管理職が見えてきている世代の女子向けに書いて欲しい」という声もいただきました。前著は、まだ一歩を踏み出せていない新人・若手に向けて書いた本なので、その上の世代には少し物足りない感があったのかもしれません。

「次は、年齢を少し上げたイメージで、書いていただけませんか？」

人生初の出版を終えホッとしていた矢先、前著の担当者から連絡がありました。今年は〆切に追われることもなくゆっくり過ごしたい、続編なんて調子に乗りすぎでは？　などと思いながらも、例によって「頼まれごとは試されごと」なので、引き受けることにしました。

この本は、前著同様、働きづらさを感じながらも頑張っている公務員女子のために、もっとラクに、もっと楽しく仕事をするための考え方と仕事術についてまとめたものです。前著よりも対象となる方の年齢を上げ、もっと多様な生き方や考え方をご紹介したいと思い、4人の尊敬する公務員女子にもインタビュー形式で登場いただいています。「まるでカフェでおしゃべりをしている」かのような雰囲気で、気軽に読んでいただけると嬉しいです。

元気な女性職員が増えれば役所は元気になります。役所が元気になればまちが元気になります。まずはこの本を手にとってくださったあなたが元気になって、まわりに元気を配ることから始めてください。

２０２０年９月

村川美詠

2章　公務員女子のお悩み相談　仕事編

4章 公務員女子よ、地図を広げよ

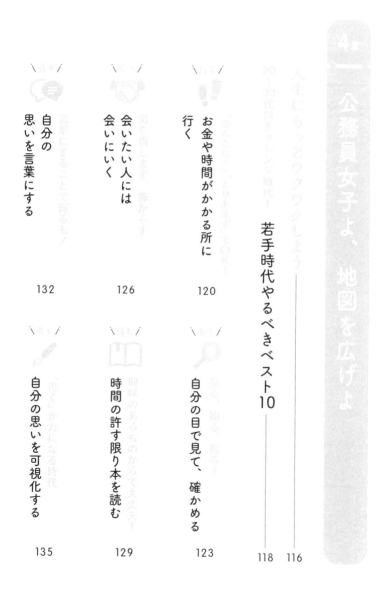

中堅時代やるべきベスト10
30～40代は「人間力」を育てよう

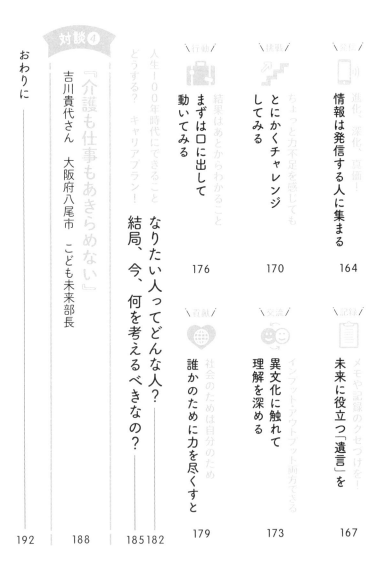

1章

ようこそ！公務員女子の「相談室」へ

一人で悩んでいるあなたへ

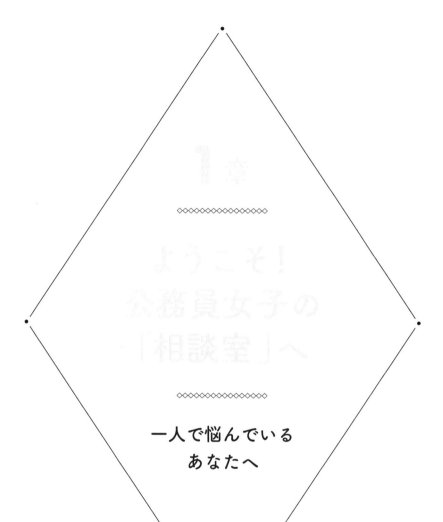

一人で悩んでいるあなたへ

忙しい毎日、はかどらない仕事、健康の不安、人間関係の悩みなど、いろいろあって、この先どうなるんだろう？　こんなはずじゃなかった、仕事は続けられるだろうか？　そもそも私、公務員に向

そもそも、私って
公務員に
向いているのかな？

正直、メンタルが心配です。
私の性格に問題が
あるのでしょうか？
具体的にはどうすればいいの？

人事異動の意味が
わからないんだけど

いていなかった？……と人知れず悩むこともあるでしょう。

自分の感じ方、受け止め方の問題？　それともみんな同じようなことを考えている？　ほかの人はどんな風に考え、悩みを乗り越えて前に進んでいるんだろう？

年を重ねてくると、自分の持ち味もつかめてくるし、人とのつながりもできて、進む道も見つけやすくなりますが、若い頃は、どっちへ進むべきか、迷うことも多いものです。そんなあなたの曲がり角に立つ案内人のように、役に立つアドバイスができればいいなと思います。

“お悩み”のいろいろ

公務員女子の相談室へようこそ

悩める公務員

最近は、公務員同士で話をすると、あまり楽しい話にならないことが多い気がします。忙しい、人がいない、苦情が多い、残業が続いている、休日もなかなか休めない、仕事にやりがいを感じない、上司とうまくいかない、同僚にきつくあたられる、後輩が育たない、人間関係が難しい……。

それらに加えて、子育てや介護の悩み、健康への心配や、自分に自信がもてないといった、個人的な悩みもいろいろあったり、職場で病気になってしまう人がいたりして、それを**カバーするのにさらに忙しくなってしまう**、そんな現実もあります。

公務員のあるある事情

公務員は数年ごとに異動があり、その仕事の変わりようといったら、まるで転職したかのようです。昨日まで税金の計算をしていたのに、今日からは福祉の窓口に立つ、みたいなことは普通にありますし、そのタイミングは直前まで知らされません。異動後は、「何それ？ 初めて聞いた」みたいな業界用語を覚えたり、見たこともない関係法令を紐解いたりしながら、新しい人間関係の中で空気を読みまくる、そんなストレスフルな日々が続きます。そして、少し慣れたと思った頃、頼りにしていた先輩や同僚が異動していき、なんとなく自分がその職場の責任者っぽくなってしまう、そんなプレッシャーも公務員あるあるです。

さらに、住民の皆様には「ご理解いただく」ことが基本なので、「聴く、話す」を丁寧に重ねなければなりません。時には**理不尽な気持ちがあふれそうになってしまうこともあり、住民対応で悩む**ことも多いと思います。

そもそも悩み多き仕事

「SIMULATION2030」という対話型自治体経営シミュレーションゲームがあります。とある仮想自治体を舞台に、限られた時間とお金と人を、どの事業に投入し、どの事業を廃止するのか、6人の部長で悩み合い、対話をしながら選択していくゲームです。税収が減り、社会保障費や施設維持費等が増えていく中で、何を選択するのか。ゲームを経験してみると、私達の仕事は、教育、福祉、建設、防災、産業など、**そもそも優先順位など決められないことに、様々な状況を勘案し、未来を見据えながら順位を決めて手を打っていくという悩ましい仕事である**ことがわかります。

知ってか知らでか、そんな悩み多き公務員になってしまった私達ですが、悩むことは悪いことではなく、とことん悩み、考え、行動し、それを乗り越えることができたら、大きな力になります。まずは、自分の悩みに気づくことから始めてみましょう。

悩みは考えるきっかけ。何かのお告げ

memo

「悩」まずに「考」えよう

誰の課題か整理する

悩んでいることは、誰の課題？

仕事のこと、人間関係のこと、家族のこと、お金のこと、将来のこと、悩み事はつきませんが、悩むから成長できるということだってあります。そもそも、**悩み事には2種類あります。それは、自分の課題と、自分じゃない他人の課題です。**私はよく「悩み事なさそうですね」と褒められ（？）ますが、そこの切り分けが上手にできているのではないかと思います。

そもそも、その悩みは誰の課題ですか？　例えば、あなたがパワハラ的な上司のことで悩んでいるとします。それは、あなたが解決すべき課題ですか？　それとも上司自身の課題でしょうか？　もちろん悩んでいるのはあなたで、上司は自分が悪いなんて思っていないかもしれません。でも、解決すべきはそのような態度でしか仕事を進めることができない上司の仕事観や態度であって、あなた自身ではありません。「あの年になるまで、誰からも指導されず気づけなかったかわいそうな人なのだ」と整理して、あとは、自分としてどう向き合うかを決めるだけです。

他人の課題は考えない

パワハラ上司、反抗的な部下、他人の悪口ばかり言う仲間、それらの「他人の課題」はほうっておく。そんなことを続けていて困るのは、その本人であって私ではない。それくらい割り切って考えるとラクになります。あとは自分としてどう接すれば心地よいか、どう対応するかを考える、それだけです。場合によっては、人事担当に助けを求めることもあるでしょうし、まわりの協力を得て、少し距離を置くという方法もあります。信頼できる人に愚痴をぶちまけることで我慢できるのならそれもありです。どういう方法にせよ、**自分に解決できない、解決する必要もないことに貴重な時間を費やすのはもったいない**と思います。

自分の課題はよく考えて解決する

一方、自分の課題は誰も解決してくれません。たまに他人の課題に介入してくる人もいますが、どう解決するかを決めるのは自分です。例えば、仕事の悩みであれば、自分のスキル不足なのか、しくみやシステムに問題があるのかを考える。知識や経験が足りないのであれば、勉強をする、経験豊富な人からアドバイスをもらう。自分の性格や容姿に自信がもてないのなら、なりたい自分になるための努力をする。家族の介護の問題を抱えているのなら、相談できる機関に行ってみる。隣人に困っているのなら、引っ越す。一緒にいるとエネルギーを奪われる人とは距離を置く。

そうやって、**どうしたら自分が悩まないで済むか、幸せになれるかを考えて行動する。**そして、考えてもどうにもならないことは考えない、うまく解決できないことがあっても自分を責めない、もちろん人を責めないことも悩まないコツです。

自分の課題にだけ向き合うシンプルさが大事

あなたの「不」はな〜に？

悩みのもとは「不」

不満、不平、不便、不利、不快、不安、不足、不信、不仲、不幸、不自由、不得手……。あなたは今、どんな「不」を感じていますか？　悩みのもとはどの「不」でしょうか。一つではなく、いくつかの「不」が混ざり合っているかもしれません。自分のことではなく、家族の「不」で悩んでいる人もいるでしょう。忙し過ぎて「不」を感じる暇もない、という人は特に要注意です。なんとなく元気が出ない、気づいたらため息が出ているという時は、**「今、何の不を感じている？」と自分に聞いてみてください。**「不」が大きくなり過ぎて自分を追い詰めてしまう前に、まずは今の「不」を自覚することが大事です。

「不」を消す方法

「不」を消すには、いろいろな方法があります。正面から挑んで解決する、努力して克服する、人の手を借りて乗り越える、または、逃げるという手もあります。大事なのは「ジタバタする」ことです。例えば、やったことがない仕事に不安を感じているのなら、ある程度がむしゃらにやってみる。苦手な人がいたら、思い切って関わってみる。不得手なことは勉強してみる。自分なりに、焦って、もがいて、ジタバタする。それでもダメなら「無理です」と白旗をあげればいいのです。

長い公務員生活を振り返ってみると、今のジタバタが未来の自分を助けてくれるのだとわかります。例えば、大量の仕事をこなしていた時に段取り力、スピード感が身につきました。泣きたくなるような窓口対応経験のおかげで対人力がアップしました。子育てで悩んだ日々が人を思いやる気持ちを育ててくれました。悩み、苦しんだ仕事や経験ほど、自分を成長させてくれます。今はできなくても、年を重ねたらできることだってあります。「不」を感じたら、**未来の自分をラクにするための修行**だと思って、消す方法を考え、試してみてください。

「不」が見つからない時

悩んでいる人の中には、「不」を明確に認識できていない人もいます。特にトラブルやこれといったきっかけはないけれど、心がモヤモヤ、ザワザワするというものです。そういう時には無理して「不」を見つけなくてもいいと思います。自分に**「これからどうしたい？」「どうなっていたらいいと思う？」**と問いかけてみてください。例えば、「イキイキと仕事をして、かつ、休む時はきっちり休める人になりたい」という答えが出たら、そのためにできることをやっていけばいいのです。方法がわからなければ、信頼できる人に相談してみたらいいと思います。要は、悩んでいる時間を減らして、楽しい時間を増やすことです。悩みは成長のチャンスではあるけれど、悩み過ぎるのは体にもよくありません。

「不」が一つ消えるたびに、ラクな気持ちが一つ増える

人事異動のストーリー

事実は一つ、受け止め方はいろいろ

悩みの多くは、自分の受け止め方で軽くもなるし、深くもなります。例えば、納得のいかない人事異動のような場合です。「今、自分が異動したら現場が困る」「なんで私がそこに？　私に向いているとは思えない」と憤りを感じる場面もあります。特に人事はヒトゴト、自分では決めることができないし、「こういう理由ですよ」と説明されることはほぼありません。それによって、「なんで自分は異動させられたのだろうか？」「自分に何か落ち度が？」と考えてしまいがちです。

人事を担当した経験から言うと、**それぞれの異動にはストーリーがあります**。退職するAさんの後任に↑同じくらいの力があるBさんを↑経験が長いBさんの穴を埋めるためにはCさんを↑職場の雰囲気を変えるDさんを……みたいな流れの輪がいくつもあるイメージです。それらに在課年数や経験、個人の事情等が加わる、複雑な作業です。あるポストにその時ふさわしい誰かが、どこからか抜けてハマるということは運としかいえないようなこともあります。本人にとっては「？」なものでも、全庁的にいろいろな配慮がなされた結果なのです。

受け止め方は自分で決める

正直、すべての人が満足に思う人事なんてありません。人事は人が決めることですから、自分の思いどおりにはなりません。人事担当は職員が不足する中で、現場がよりよくなるように、精一杯の配置への考慮をしていますが、どうしても不平や不満を感じる人は出てきます。あとは、**自分の受け止め方次第、正解はないので、自分で答えを決めればいい**のです。「新しい扉が開くチャンスなのかも」「頑張り過ぎたから少しラクにしてくれたのかも」「職場の風を変えろということかも」などと自分のモチベーションが上がる意味付けをして、気持ちを落ち着かせるのがいいと思います。

結果は自分次第と考えてみる

実は、そういう自分にとって思いがけない人事の時は、チャンスだったりもします。自分の予想を超えていたわけですから、何かしら新しい経験ができるわけです。もしかしたら不得手なことを克服することができるかもしれません。今まで接したことがなかった人たちとの出会いがあるかもしれません。**辛い経験をするかもしれませんが、その経験が、未来の自分を助けてくれるかもしれません。**

案外、自分が思っている自分の持ち味と違うものが、他の人には見えていることだってあります。自分は「企画部門は苦手」と思っていても、食わず嫌いなだけで、他の人には「あの人ならやってくれそう」と評価されているかもしれません。

燃えるのも、腐るのも自分次第です。「置かれた場所で咲こう」と気持ちを切り替えて、自分らしく咲いていく人が、伸びていきます。

memo

すべては受け止め方次第

武器に頼る
武器を頼る

できることで素直に支え合う

あなたの武器はなんですか？

「武器なんて持っていません」という人もいるでしょう。でも大丈夫。武器といえば、財務会計に精通しているとか、法令に強いとか、広報力があるというのはわかりやすいですが、ほかにも、イベントの企画運営に慣れているとか、挨拶文がうまいとか、エクセルの達人という武器もあります。明るくて人に好かれる、知り合いが多くて情報通という人もいます。**「あの人に頼んだらなんとかなるんじゃない」みたいに声がかかること、それが武器**です。

私の武器は、研修や講座といった学びの場の企画をパパっとできることでしょうか。自分が学び好きなので、「こんな講座があったら嬉しいな」と考えながら企画書やチラシを作るのが得意です。また、他の自治体職員の知り合いやSNSのフォロワーが多いという武器もあります。「美詠さんに聞いたら誰か紹介してくれるかも、いいアイデアをもらえるかもと思って聞いてみた」と言われることがよくあります。

武器の見つけ方

武器と言われるとちょっと大げさですが、基本的には**自分が好きなこと、人より苦労しなくてできること**を見つけるのです。威力がある武器を一つ持っているのもよし、小さい武器をいくつも持っているのもいいと思います。

自分としては普通にできることなので、自分ではそれが武器だと気がついていないこともあります。「なんでみんな、これができないんだろう？」と思うことがあったら、それはあなたの武器かもしれません。例えば、スピード感があって、事務処理がめっちゃ早い人がいます。「自分が担当している時は残業していなかったのに、担当が変わったら残業になっている」と思うことがあったら、あなたのスピードが武器なのかもしれません。

武器の貸し借り

逆に、スピード感はないけれど、確実に根拠を押さえ、数字や内容の整合性をチェックして、間違いを未然に防いでくれる人もいます。ほかにも、書類整理の得意な人とそうでない人、アイデアが浮かぶ人とそれをカタチにする人の組み合わせもあります。武器は人それぞれです。状況によって効く武器とそうでない武器があります。「どうして、こんなことができないの！」と相手を責めるのではなく、「私はそれ得意！よかったら手伝うよ」と武器を差し出してみてください。必ずお返しがあります。

多くの人が、武器の貸し借りはいけない、人を頼らず戦えるように自分も同じ武器を調達しなきゃと思っていますが、そんな必要はありません。持っている人に借りればいいのです。人を頼るのは申し訳ない気もしますが、逆に自分が人から頼られるとまんざらでもないものです。「その武器貸して」と素直に頼んでみてください。

memo

武器は相手を攻めるものではなく、相手と自分を守るもの

まわりにとって、私は何者？

ありたい「自分」を考える

あなたは、誰から、どんな風に憶えられたいですか？

「何によって覚えられたいか、その問いかけが人生を変える」。経営学者のピーター・ドラッカーの言葉です。例えば、退職する日のことを想像してみましょう。後輩たちは、退職の挨拶をするあなたを見て、どんな風に感じるでしょうか。「あの人は、厳しい状況でも笑顔を絶やさず、前向きに取り組んでおられた」「あの人はとにかく誠実な人だった」「あの人は、いつも肝心な場面で逃げていた」……。あなたはどんな〝あの人〟と記憶されたいでしょうか。「どう覚えられたいか」は「どう見られたいか」という表面的なことではありません。自分自身がどうありたいか、何を大切に生きていくのかを問うものです。

内示の日、あなたはなんと言われている？

仕事への向き合い方、日々の人間関係やコミュニケーション、家族との接し方など自分はまわりからどんな風に見られたいと思っていますか。それは常に人の評価を気にしながら生きるという意味ではなく、どう生きたいかという自分の指標だと思ってください。

私は、人事異動の内示があった瞬間、異動先の人から「わぁ！　あの人が来てくれる、良かった」と思われる人になりたいと思いながら仕事をしてきました。正直、「え～あの人が来るんだ！　がっかり」と思われてしまう人はいます。誰でも新人職員の時は、「へ～新人さんか、どんな人かな」と思われるだけです。でも次の異動の時には、「今度うちに来る人はどんな人？」と今いる課の人が聞かれます。その時、「それが困ったちゃんなのよ」と言われるか、「すごくいい人、○○が強み」と言われるか。それによって**任される仕事が変わることだってあります。**

すべては自分の選択

まわりから見える自分をどう設定するかは自分の選択であって、どう生きるかを決めるものです。素の自分でいくという選択もありますが、今の自分より少し高いところに「ありたい自分」を設定してそれを目指すというのもありです。

私は、小心者でグウタラ、人間関係構築力がなく人に優しくできないという少々困った素の自分を自覚しています。そのまま人に認識されると生きづらくなるので、できるだけそう見えないことを心がけています。少しは素も改善した気がしています。

逆にまわりからどう見られようと自分は自分、と考える人もいるでしょう。それこそ「ありたい自分」なのかもしれません。つまりは、**自分の存在をどう見せたいか、それによってどんな価値を獲得したいかは自分が決めること**です。

人生最後の瞬間、葬儀の場で、あなたは参列者になんと言われたいですか?

どんな〝あの人〟になるのか、自分で設定する

将来を妄想してみると

公務員女子のこれから

公務員女子の今昔物語

昔話で恐縮ですが、私が就職した30年前の役所はこんな感じでした。女子の仕事はお茶くみと庶務、管理職はオール男子。セクハラ、マタハラは当たり前で被害にあっても泣き寝入り。喫煙は自席でＯＫ、吸い殻の片付けは女子の担当。起案文書、伝票はすべて手書き、そのうち各課に1台ワープロが設置され、順番待ちで残業。育児休業はなく産後8週間で出勤……などなど。女子にとっては働きづらい環境でしたが、それでも女子が働き続けられる（結婚や出産を機に辞めなくてもいい）貴重な職場でもありました。

公務員女子の未来

今は、いろいろな制度やしくみが整い、男女を問わず働きやすい職場環境が整えられつつあります。また、職員の女性比率も高くなり、女性の管理職も少しずつですが増えています。私たちの世代は、採用や昇任に明らかな男女差があったので、管理職になる人も少ないですが、あと5年もすれば、女性の管理職はかなり増えます。10年後には「女性課長」や「女性管理職」という表現もなくなっていることでしょう。一部の人ではなく、普通の公務員女子が管理職になる時代はすぐそこにきています。一方で、いわゆる「マミートラック」※を走ることを選択した人もいて、キャリアを積むことができないまま年を重ね、力不足に悩む人もいます。

また、これからは、産休や育休を取得する若い職員、介護に携わる年配の職員が増えるので、**今の働き方、仕事の仕方では職場が回らなくなります。**ＡＩなどのテクノロジーの活用は飛躍的に進むでしょうし、コロナ禍で対応が進んだリモートワーク等の本格的な導入もそう遠くないと思われます。

未来の仕事

そう遠くない未来には、ＡＩの活用により業務が自動化され、おそらく今行っているようなデータの整理やチェックといった手作業からは解放されます。マニュアル化されるような単純な作業は人が担当しなくてもよくなるはずです。その分、人はＡＩができない仕事をするようになるでしょう。例えば、地域の中で困っている人の話を聴きながら解決策を提示することや、人と人をつなげるコーディネーター的な役割です。ある課題に対して、ＡＩが集めたデータを使い、職員同士で対話をしながら解決策を見出していく、そんな仕事も人にしかできません。今のうちに、そんな**時代に通用する自分の強みはなんなのか、これからどんな力を伸ばしておくべきなのか**、意識しておいた方がいいと思います。

※　マミートラック……「残業できない」等の制約をもつワーキングマザーが、補助的な業務しか与えられず、キャリアを積む経験ができないまま同じコースを走ること。

未来に働いている自分の姿を想像しよう

例を
元に
想像してみよう

気楽にライフ&キャリアマップ

動けば変わる

以前、職員組合の女性部の企画で、後輩の女性職員たちの前で話をしたことがあります。その時に示したのが、次頁の年表ですが、「美詠さんは若い頃から行動していたわけではないのですね。ちょっと安心しました」と言われました。確かに、動き出したのは、40代後半、男女共同参画の仕事をするようになってからです。ちょうど子育てが一段落した頃ということもありますが、**プライベートの充実が仕事にも活かされることを実感したから**だと思います。振り返れば、若い頃は、勉強もしていなかったし、人との交流にも消極的でした。結果、スキルアップもできず、豊かな体験もないまま、ただただ仕事と生活に追われるだけの日々を送っていたような気がします。

美詠さん年表

喜・楽　　悲・怒　　学び・得たもの

年度	働き方	仕事	家庭	地域・社会活動	自分の時間
20代	ライスワーク	入庁 選挙事務、国勢調査 セクハラ・マタハラ被害 段取り力・受援力	結婚 出産		習い事 旅行
30代	ライクワーク	残業漬けの日々 研修、セクハラ担当 市町村アカデミー 窓口対応・人材育成	マイホーム	保育所保護者会	
40代	ライフワーク	係長昇任 市町村合併 講座、イベント企画 課長補佐昇任 女性相談（DVなど） 市民協働・企画力	子育てに悩む 夫が脱サラ→バー開業	チームアドベンチャー（庁内の仲間づくり） 輝く女性職員プロジェクト（女性職員の人材育成） ドリプラ活動（人の夢を応援する企画）	読書 セミナー通い 産業カウンセラー資格 Facebookを始める 先輩の死
50代	ライトワーク	イクボス、女性職員研修 窓口業務改善 課長昇任 シュンギク、ザッソウ実践 イベントの改善、拡大 チームづくり	「笑ってコラえて！」放送出演	諫早もりあげガールズ 九州OM おこしの会 全国自治体職員ネットワークサミット 研修講師活動 オンライン市役所	国際女性ビジネス会議 コーチング資格 Instagram ホワイトボード・ミーティング®認定講師 HOLG*記事掲載 本の出版

※　HOLG＝地方自治体を応援するメディア

ワークの段階

私の仕事に対する姿勢や働き方を振り返ると、４つのワークの段階を登っていることに気づかされます。**20代はライスワーク**（米＝食べるためだけに働いていた）、**30代はライクワーク**（仕事が好きで充実していたけれど、働き過ぎだった）、**40代はライフワーク**（自分の活動や体験が仕事に活かされることを実感した）、**50代はライトワーク**（人や社会を明るく照らしたいと思いながら働く）です。

最初からそういう働き方を意識していたわけではなく、結果としてそうなったわけですが、若い頃から、このワークを意識できていたら、もっとラクに生きられたかもな～と思います。

皆さんは、今、どんな働き方をしていますか？

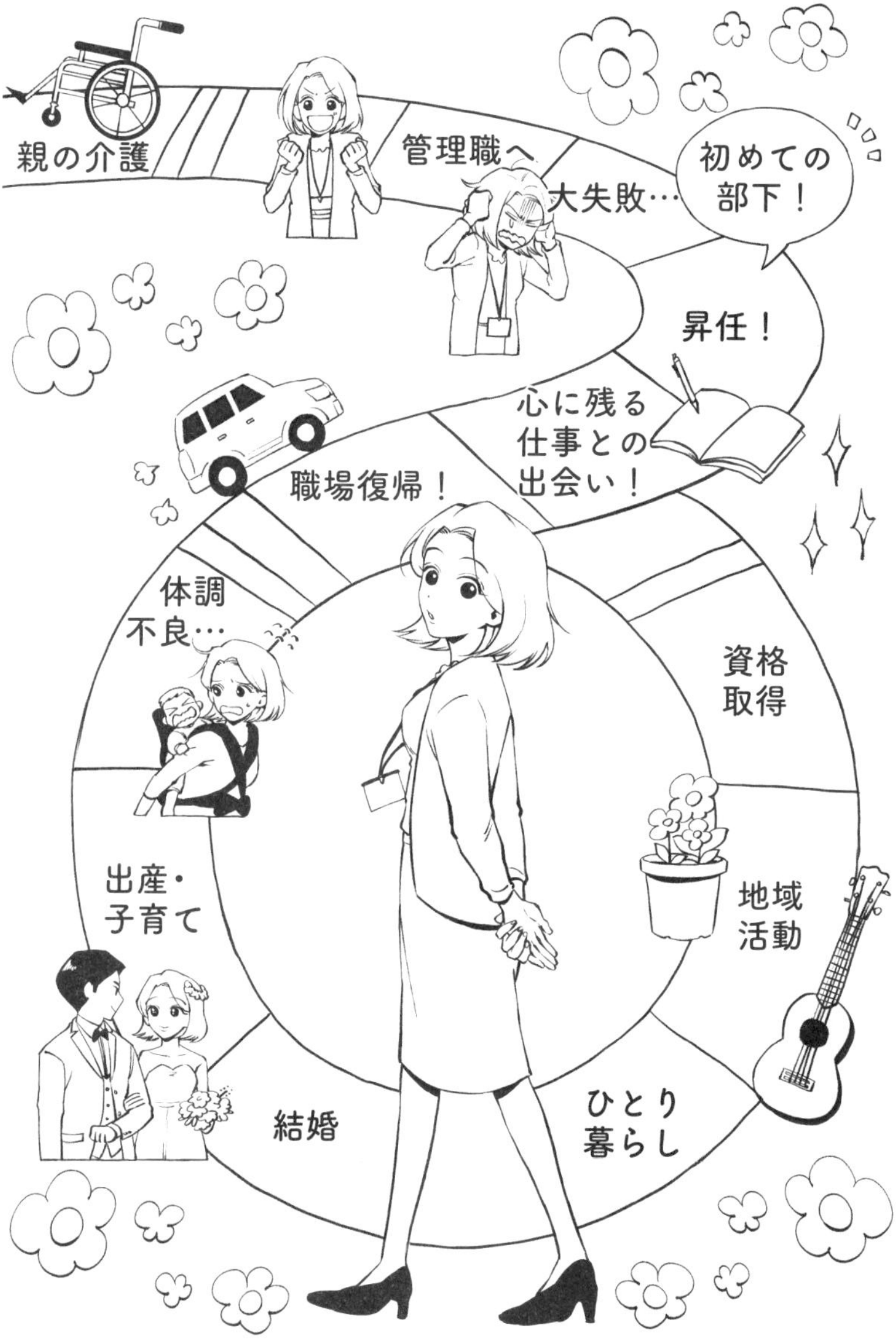
親の介護
管理職へ
大失敗…
初めての部下！
昇任！
心に残る仕事との出会い！
職場復帰！
体調不良…
資格取得
地域活動
出産・子育て
結婚
ひとり暮らし

対談 1

『したたかに自分の頭で考えて動く』

種生純子さん
福岡県京都郡苅田町　子育て・健康課長

――種生純子さんとお会いしたのは2年前。いつもFacebookで「今日は、ココ」の投稿を見るたびに、「種生さん、今日も頑張ってるな〜、私も頑張らんば」と元気をもらっています。今はコロナ対策の担当課長として、ますますお忙しい日々を送っておられます（2020年7月現在）。種生さんからにじみ出る明るさとバイタリティを保つ秘訣はなんなのか、伺ってみました。――

あらためまして、よろしくお願いします。コロナ対策で毎日、大変そうですね〜。

異動してすぐ対策本部を立ち上げたりして、本当に大変でした。同じ頃、母が亡くなり、精神的にもかなりきつかったですね〜。でも私達の仕事は辞令一枚もらったら、やるしかないけんね。

種生さんのそのパワーはどこからくるんだろう。これまでに、何か、あの経験があったから今がある、みたいなことって何かありますか？

私、もともとは健康保健関係の仕事をしていたんですけれど、ある時、全く畑違いの職場、女性は私一人だけという土木系の配属になって、孤立してしまったことがあったんですよ。仕事はわからないし、ちょっと私に対する誤解もあったようで、男性の技術屋さんからは声もかけられず、距離を置かれてしまいまして。で、どうしたらいいかと考えて、自分にできることで皆さんの邪魔にならないことをやろうと思って、当時、整理されていなかった山のような書類や道具を、たっ

た一人で黙々と片づけたんです。そしたら、少しずつ手伝ってくれる人も出てきて、そのうち、話もするようになって、最後は、仲間として認めてもらえるようになりました。最初は、異動を恨んだりもしたけれど、結果、技術屋さんの知り合いが増えたことで、その後の仕事でも随分助けられましたし、何より、技術屋さんの〝すぐに対応する現場力〟みたいなものを学んだことで、今できることは今する、すぐに動くということがクセになって、良かったと思います。

なるほど、腐らずに、自分にできることで、人の役に立つことをやっていったのですね〜。だからこそ今に活きているんでしょうね。

そう！　女のしたたかさ（笑）を良い方向に使ったと思いますね。悩んだ時は、自分でこうしてみようとか、あれをやってみようとか、考えて動くことですよね。悩むことや疑問を持つことは良いことだし、そうでないと進化しないと思います。時には先輩や上司に相談したり、信頼できる仲間に愚痴ってみたりしながら、自分の頭で考えることが大事だと思いますね。

種生さんは、管理職になってどうでしたか？　なる前となった後で、感じ方や考え方が変わったことはありますか？

私達にはロールモデルがいませんけれど、逆に比べられることがないので、良いと思いますね（笑）。

それと、男性同士って、何げに管理職としての所作や心構えなんかを飲み会の席やタバコ部屋で教えてもらえるみたいですけれど、女子にはそれがないので、自分で一つずつ見たり、聴いたりしながら、獲得していった気がしますね。女性のメリットや才能、例えば、細かい心配りとか、言葉の使い方とか笑顔とか、限りなくしたたかに仕事に活かしてきましたね。それと、昔はなかったけれど、最近は、人事評価制度があるので、ありがたいと思います。主に面談を機会に、仕事のこと、家族のこと、体調のことなど、普段ゆっくり話せないことを聞けますし、お互いを理解できます。そのおかげで連帯感が生まれたり、仕事がしやすくなったりしますね～。

私は管理職の仕事は、部下が仕事をやりやすくなるようにすることだと思っています。そのためにきっかけをつくったり、モチベーションを上げたり、環境を整えたりすることが私の仕事。そして、トラブルの排除や悩みを聞くこと、最後は人間力かな。思ったことは言うし、「困ったことがあったら、早く言ってもらう方がありたがい、とお母さんは思うよ」といつも部下には話しています。あとは信頼感。服装や化粧にも気をつかっています。実は、この髪型、おでこ全開なのも、嫌でも私と目が合うようにする、目を見て話ができるようにするためです(笑)。美詠さんの笑顔も同じだと思いますよ。

信頼感、まさに！　ありがとうございます。最後に、次世代の公務員女子にメッセージとかアドバイスをお願いします。

人生一回きりなので、しっかり楽しんで欲しい。仕事も生活も仲間づくりも。嫌だと思うことと面白いことは表と裏でくっついていて、楽しくないと思う時は、その嫌な面からしか見ていないのだと思う。ひっくり返して見てみたら、違う見方もできる。悩んだり苦しんだりすることは、間違いなく自分の糧になる。その時はしんどいかもしれないけれど、あれがなかったら今の自分はない、と思える日がきっとくる。

――最近のキーワードは「お母さんはこう思います」だそう。自分の子どもくらいの部下に対しては、デスクを離れ、上司というよりはお母さんの気持ちで、アドバイスをするようにしているとか。おでこもパワーも全開の種生さんに私も力をいただきました。――

2章

公務員女子のお悩み相談

仕事編

正しい「背伸び」ってなぁに？

正しい「背伸び」ってなぁに？

勤務年数も長くなり、そろそろ昇任しそうな気がするけれど、私にできるだろうか。ちょうど家族も微妙な時期なのに、責任のある立場になって、果たして大丈夫？　そんな不安を抱えている人も多い

出世の先にはどんなことが
待ち受けてるんだろう？
不安しかありませんが、
私にできますか？

人間関係の悩み、
どうにか
なりませんか？

雑な引継書をもらって、
仕事がよくわからない。
そもそも引継書は
どう書くべき？

と思います。

昇任して「待ってました！よっしゃ！」なんて喜べる人はほんの一部。多くの人は、ついた役職にふさわしい自分を模索しながら、少しずつその職責を果たせるようになっていくものです。

役職になる前にどんな準備をしておけばいいのか、そもそも20代、30代、40代とどんな力をつけておけばいいのか、仕事がデキる人になるための心がけ、コツにはどんなものがあるのかなど、正しい背伸びの仕方について、これまでの私の反省も含め、お伝えしたいと思います。

そろそろ昇任しそう…
どんな力を
つけておけばいい？
仕事が
できる人が
羨ましい…

20代で
身につけたい
仕事術

仕事を選ばず、背伸びせず

「雑用」を雑にしない

20代は組織の一番下にいるわけですから、任される仕事は、基本的に一人でできるもの、雑用的なものになります。「雑用に宝あり」と言われますが、この雑用をいかにこなすかがポイントです。雑用だからと雑にこなしていたら、それこそ「雑な用」になってしまいます。**単純で無駄と思えるようなことを丁寧にやることは、忍耐力やたくましさを身につける修行**です。それらをきちんとやってこそ「これってなんとかラクに、効率的にやる方法はない？」という疑問がわいてきます。いい加減にやっていると、作業の成り立ちや意味がわからないので、省略できること、できないことの区別もつきません。

窓口対応は人間力の修行

20代は窓口対応を経験することが多いと思います。これがまた、人生の後半部分で効いてくる人間力の修行の場となります。基本的には、笑顔で誠心誠意対応していれば問題はありませんが、それでもうまくいかないことも多々あります。自分に落ち度がなくても罵倒されることもあるし、理不尽な要求をされることだってあります。

「この人は今、どういう気持ちなのだろう、背景には何があるのだろう、どんな不安を抱えているのだろう」と相手の気持ちに寄り添いながら対応すると、うまくいくことが多いです。要は人と人ですから、「あの人が言うならしょうがない」と言ってもらえる人になれるかどうかです。

もちろん、下手に一人で抱え過ぎて、相手も自分も傷つくような事態になることは避けなければなりません。上手に人を頼ることも必要です。**うまくいかない経験をするからこそ成長できます。**難しいケースにあたったら「今、この修行が私に必要だということですね」と前向きにとらえて精一杯対応してみる。そうすることで、少しずつ度胸も知恵も身についてきます。

「頼まれやすい人」になる

　ほかにも下っ端の頃は、宴会の幹事や、物販の集約など、少々面倒くさい業務外の雑用も頼まれます。その時、「はい！　喜んで」と応えるか、さも不機嫌そうに受けるかは本人の選択ですが、それが繰り返されると大きな差になります。前者は**「頼まれやすい人」となるため、頼まれ事が増え、結果、できることの幅が広がります。**例えば、宴会の幹事は、日程調整、会場予約、集金や支払いなどの段取りがあり、企画運営の練習になります。上司や同僚と内容について相談することでコミュニケーション力も育ちます。そこでうまくいかない経験をすることも大事なことです。課の宴会くらいでしたら、少々の失敗は笑って許されます。「うまくいかない」経験をすること、そこからのリカバリー力を鍛えること、それが20代にやっておくことです。

memo

「うまくいかない」経験をするのが20代

30代で
身につけたい
仕事術

まわりを巻き込み、前に進む

人と一緒にやる

30代はいくつかの部署を経験し、仕事だけでなく、知り合いも増え、力がついてくる時期です。**20代と異なり、自分一人ではなく、誰かと一緒にやる仕事も任されるようになります。**これまで培った能力の応用や活用が求められます。

例えば、あるプロジェクトを任される。そのために、人と対話しながら課題を明確にし、解決していく、そんな経験ができるようになります。それは業務上のことかもしれないし、自主的にやる活動でもよいと思います。その中から、自分がやりたいテーマのようなものが見つかることもあります。地域振興、商工観光、地域福祉、教育……。将来、本業として取り組むチャンスに恵まれなくても、自治体職員として、「これをやってみたい」というライフワークを持っておくことは楽しいことです。

自分の時間をつくる

とはいっても、30代は、家族を持つようになれば、思うように動けない時期でもあります。独身でも、仕事が忙しく、なかなか自由な時間を持てないという人もいるでしょう。その不自由な時間の中から、いかに自分の時間をつくり出すかというのもチャレンジの一つです。パートナーと役割分担をする、時間外勤務が減るための改善をするという工夫もあるでしょう。子どもが小学校に上がるまでは、子育てに集中し、子育て世代の気持ちを体感するというのも一つの考え方かもしれません。仕事に活かせる何かを勉強する、体験を積むというのもよいと思います。できることが増え、できない時間が増える30代に、**何に時間を使うかで未来の自分の働き方、生き方は変わってきます**。貴重な30代を、「ただただ時間に追われ、何も獲得できず、何も残せなかった」で終わることがないように、意識してトライしてみましょう。

「誘われる人」になる

人と一緒にやることは貴重な経験です。多様な人と組むことで、視野が開け、できることが広がります。そのためには、誰かを誘わなければいけませんが、自分自身が「誘われやすい人」になるという手もあります。「あの人、面白そうだから声をかけてみようか」「あの人こんなワザを持っているから誘おうよ」「あの人は面倒くさいから知られないようにしよう」……。あなたはどのあの人でしょうか。

いつメン（いつものメンバー）だけでは、新しいヒントやスキルの獲得にはつながりません。意外なコミュニティに参加して知らないテーマに出会えたり、子育てサークル等でママの本音を聴いたりするのもよい経験です。地域の高齢者と話す中からヒントが得られることも。合わないと思えば、次から行かなければいいだけです。まずは、**自分から飛び込んでみる、声がかかったら参加してみる**勇気を持つことです。

memo

30代は「人と一緒に何かをやる」経験を意識してやってみる

40代で
身につけたい
仕事術

進化、深化、真価

40代は、部下を持つようになり、チームで仕事をするようになります。自分の仕事に加え、部下の育成指導や進捗管理などマネージャーとしての役割が増えます。とはいえ、まだまだプレイヤーとしての役割も大きい時期です。議会対応、予算・決算等の業務も増えます。上司と部下の橋渡し役、通訳としての役割も担わなければならず、精神的な負担も増します。それに加え、家庭では、子どもの思春期や進学問題など、親として心配事を抱えがちな時期でもあります。**どちらも人に任せることはできず、人として、進化したり、深みを増したり、真の価値を問われる時期**です。

悩むから成長がある

40代は悩み多き時代です。でも振り返ると、あの頃悩んだからこそ今があると思えます。私は当時、コミュニケーションのことで悩んでいました。もともと内向的な性格で人と関わることは不得意でした。公務員なら、人と関わらなくても、真面目にコツコツやっていればいいかもと思ったのが、そもそも公務員を志望した動機でもあります。30代まではなんとかなりましたが、40代になり部下を持つ身になるとなかなかうまくいきません。中学生になった自分の子どもとの関わりも難しくなりました。人間関係構築力がないので、相談できる相手もおらず、出口も見つかりませんでした。

そんな時に出会ったのが、産業カウンセラーの養成講座です。その頃、仕事でDV相談に携わっており、面談のスキルアップを目指して応募したのがきっかけです。そこで、傾聴や受容、質問力等を学び、さらに、コーチングやアサーション、ホワイトボード・ミーティング®などのコミュニケーションの手法にも興味を持ちました。結果、今、管理職として困らないくらいのワザは身についたと思います。仕事だし、いつまでも困っているのは嫌だと思ったから前に進めました。**人は問題がない**

と、日常を変えようとしません。問題が山積みだなぁ～と思ったら、進化、深化のチャンスです。

信頼口座の残高を増やす

『7つの習慣』（スティーブン・R・コヴィー、キングヘアー出版）の中に出てくる「信頼残高という名の財産」という言葉が好きです。40代は、まわりからの評価が定まる頃です。プレイヤーとしては優秀でもマネージャーとしては疑問、という人も明らかになってきます。出世が目的ではありませんが、出世は、まわりから認められた結果であり、喜ばしいことです。それらは**40代に積み立ててきた信頼の残高で決まります。**公私ともに忙しい中でも、人を大切にし、仕事を確実に進める。常に誠実さを忘れず、信頼残高を増やす。そして、自分勝手な振る舞いや無礼な態度で信頼残高を減らさない。そうやって積み立てた信頼残高の高さが50代に生きてくるのです。

memo

40代は悩みながら人間力を磨く時期

マルチ or シングル 自分に合った仕事のやり方

マルチタスクは得意ですか？

マルチタスクは、家事で言うと、煮物が出来上がる時間までに、サラダや汁物を作り、メインのおかずの下ごしらえをしておく。さらにその間にも洗濯機を回しながら、お風呂を洗い、学校から帰ってきた子どもの話を聴いている。そんな風に、いくつもの手を同時に動かしている千手観音のようなイメージです。

これが仕事に活かされると、デキる人となるわけで、皆さんのまわりにも羨ましいくらい、同時にいくつもの仕事をこなせる人がいると思います。一方で、一つのことに集中して確実に仕事を動かすシングルタスクの人もいます。逆に、集中力が散漫だからマルチタスクに向いている、という見方もあると思います。

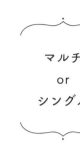

マルチタスクの理想と現実

いわゆる「さばける」人を見ていると、**今やっている仕事に関係のない書類は、机の上にはない、という状態**になっています。おそらく頭の中も、その業務に集中できているのでしょう。結果、ミスが少なくなるので、リカバリーの必要がなく、余計な時間をとられることがありません。すぐに次の仕事にとりかかることができ、効率的だし、ストレスも少なくなります。

とはいえ、現実はなかなかうまくいきません。面倒見のいい人は、他の人の仕事にも巻き込まれがちですし、役職になると、部下からの急な相談事や上からの急な指示も増えます。自分のペースだけでは進められない業務も加わり、すべてが同時進行でうまくいかなくなるという事態に陥ることもあります。

うまく回らなくなった時は？

家事に例えるとわかりやすいと思いますが、マルチタスクがうまくいく時と、そうでない時があります。皿を洗っていたら、季節外れの洋服が気になり、衣替えを始める。洗濯機を回し、服を整理していたら、ほこりが目につき、掃除機をかけ始める。そうしたら掃除機のフィルターが切れているのに気づき、買い物に出かける。結果、すべての家事が完璧に完了することもありますが、どれも中途半端で家は散らかり放題、みたいな状況になる時もあります。

仕事のやり方は、状況やコンディション（体調やまわりの環境）によって変化します。一つのことが完了しないと次にいけない時もあれば、いろいろなことに手を出しながら、並行的に上手く進められる時もあります。

自分がうまく回っていないなぁ～と感じたら、優先順位が決められず、段取りを上手く調整できなくなっているのかもしれません。そんな時は、まわりの人の意見を聞くことです。**「そもそも、私、今、何をすべきなんだっけ？」と立ち戻って、一つ一つのことに集中できる環境をつくる**ことが大事です。

できると充実感、できないと敗北感のマルチタスクに要注意

善例踏襲の引継法

引継書の書き始め

在課年数が長くなると、「そろそろ異動だろうな」と前もって引継書の準備をしたりしますが、思いがけない異動となるとそうはいきません。内示後、数日間で慌てて書き出しますが、準備不足だといろいろな抜け落ちがあります。

尊敬する上司は、**引継書は自分が新しい職場に異動した時から書き始める**とおっしゃっていました。赴任したばかりの人が戸惑うこと、気を付けるべきことを、忘れないうちに書き留めたいからだそうです。異動して大変なのは、仕事の中身がわからないこと、スケジュールの見通しが立たないこと、人を知らないことです。後任者に大変さを味わわせない引継書を残す、それがプロの公務員です。

引継書に書く5つのこと

自治体によっては引継書の様式が決まっているところもありますが、明確になっていないところも多いです。私が引継書、もしくは添付資料となる手順書に書いた方がよいと思う項目は、①概要（事業の目的、内容、経過、予算、課題等）、②年間スケジュール、③月間スケジュール、④参考資料（経緯や、過去数年間のデータ等）、⑤その他のメモ、です。うちの課では事業ごとにエクセルで作成し、シートに①〜⑤を分けて書いています。そのデータは共有の場所に保存をして、課員なら誰でも閲覧可能で、加筆、修正することができるようにしています。

特に大事なのは⑤です。「過去にこういう失敗をしたから、この手順になった」「こういう経過があって見直した」などのメモを残しておくのです。そうすることで、**後任者の無駄な労力や手間を省き、気持ちの余裕を与えることができます。**

引継書は進化させて後任者に渡す

「自分が異動してきた時、何ももらえなかった」からといって、引継書を残さなくてよいと考えてはいけません。自分が苦労したからこそ、「ここは大変だった」「こうすればさらに良くなる」というラブレターを残していって欲しいと思います。

前任者にきちんとした引継書をもらった場合は、例えば、**上書きではなく、見え消しや色分けで加筆するのもよい**と思います。「前任者はこうしていたけれど、私はこうした」という表示をしておくのです。今は、変化のスピードが速く、前例踏襲ではなく善例踏襲、いいことはすぐ取り入れる時代です。「こんな補助金を活用して制度を変えた」「こんな人とつながったから、企画を変えた」「こんなきっかけがあって止めた」など経過をわかりやすく書いておけば親切です。

私は、自腹で購入した参考図書なども置いていきます。「特にこの本は読んでおいた方がいいよ」「この本を読めば大まかな制度が理解できるから、これから読んでみて」などと惜しげもなく渡します。新しい職場に異動したら、自分の読む本も変わりますし、時代はすぐ変わるので、後任者に活用してもらった方がよいと思います。

memo

引継書は後任者へのラブレター

男性職員とはどう付き合う？

感覚のずれを許し合おう

多数派の男性職員

「少数派は質問される」という言葉をご存じですか？　わかりやすい例で言うと、男性が好きな男性は、「どうして男性が好きなの？」と聞かれますが、女性に「どうして男性が好きなの？」と聞く人はいません。公務員の女性が今よりもっと少数派だった頃、女性は、「どうして子どもを保育園に預けてまで働くの？」「飲み会の間、子どもはどうしているの？」と聞かれました。**悪気はなく、むしろ心配からの質問でしょうが、責められているように感じる人もいました。**つまり、多数派には気づけない少数派の気持ちというものがあります。それを思いやりに欠けているとか鈍感だと責めても仕方がありません。

男もツラいよ

男性だから、女性だからどうこうというのはあまり好きではありませんが、長い間、多数派でいる男性職員と、そうでない女性職員との間には感覚のズレがあります。

最近は、イクメンなどと言われ、男性も家事をするのが当たり前になってきました。保育園の送迎は、昔に比べ、圧倒的に男性が多くなりました。スーパーで子どもと一緒に買い物をしている姿もよく見かけます。しかし、育休を取得する男性はなかなか増えません。まだまだ男性社会の役所では、男性が「育休とります」とは言い出しづらい雰囲気もあります。長時間労働が改善しない中で、育児も担わなければとなると荷が重いという現実もあります。

「男らしさ」へのこだわりやプライドから弱音がはけず、生きづらさを抱えている人もいます。精神的な病気で休む割合も圧倒的に男性職員の方が高く、長期化する傾向もあります。

多様性を認める

反省として書きますが、私たちはつい「男だから」「男のくせに」と男性を一括りにしがちです。男性にも女性にも、強い、頼りになるといった「男らしさ」を大事にする人もいれば、「女らしい」と言われるきめ細かな配慮ができる人もいます。

要するに、**それぞれの個性や特性に応じた対応をする**ことだと思います。そのためにはやはり話すことです。話してみないと何を考えているのか、どんな価値観を持っているのかがわかりません。中には、自分のことを積極的に表現できない人もいるので、普段の雑談の中から上手に引き出すことです。特に上司の立場になったら、面談等の機会を通して、本人、家族、仕事観、人生観など、なるべく多くの情報を聞き出すようにしましょう。もし育休を取得できる男性職員がいたら、背中を押してあげましょう。それは、女子の味方を増やすことにつながります。

memo

ツラい男子がいなくなれば、女子もラクになる

女性職員とはどう付き合う？

違う人間、違う生き方を尊重する

女同士、実はやっかい？

私たち世代が若い頃は、各職場に女性が一人ずつ配置されるイメージで、心細くはあったのですが、逆に気が楽ということもありました。下手に女子が二人、三人となると、人間関係がややこしくなってストレスになることもあります。事実、仕事を教えてもらえなかったり、陰口を言われたり、いろいろ嫌な思いもしてきました。

ある他団体の尊敬する女性部長さんに、「女性とうまくやっているコツはなんですか？」と聞いたところ、「**一つ、二つ、不幸なエピソードを持っておくことかな**」と言われました。順調に見えるけれど、実は家族に悩みがあるとか、大きな失敗をしたとか、「あれでいろいろ大変なんだって」という共感ポイントが浮かばない秘訣だそうです。

それを聞いて、なるほどなぁ～と思いました。

人生いろいろ、女もいろいろ

女子にもいろいろあって、独身か既婚か、また、子どもの年齢や数で置かれている状況は大きく変わります。仕事第一の人、家族を優先する人、趣味の世界に生きる人、挑戦している人、自信のない人、様々です。どの生き方を選択するかは、それぞれの環境に応じて決めることです。誰からも責められるものではありませんが、案外自分自身が責めていることもあります。「あの人みたいに仕事ができない自分」「家族に負担をかけてしまう私」「趣味もなくつまらない毎日」……。自分のことをそう感じてしまうのは残念なことです。人それぞれに時期やタイミングがあります。例えば、「子どもが小学校までは仕事をセーブするけれど、あとで取り返す」と自分が決めて、実行するならばそれでよいのです。**自分の中で納得できていれば、いたずらに人と比べて落ち込むようなことはありません。途中で、状況が変われば、またその時に考え直せばよいのです。**

ロールモデルと価値観の違う人

価値観やその人が置かれている状況の違いなので、どの生き方、働き方がいいという正解はありません。思いがけず病気になったり、家族の介護を抱えたり、計画どおりに進まないことだってあります。能力の違いもあります。例えば、仕事が好きな人は、そうでない人を歯がゆく思うこともあるでしょう。逆に、仕事が十分にできないことで、責められる気持ちになっている人もいます。**自分が目指す生き方や働き方と違うからといって、その人を責めることは止めましょう。**自分の価値観とは違う人だと思えばよいのです。生き方は自分が決める。できれば「あんな風になりたい」と思うロールモデルを決めて、その人に学ぶようにしましょう。同じ自治体にそんな存在がいなかったとしても、今なら、いろいろなネットワークで必ず見つかります。

memo

「私は私」。まわりの空気を読み過ぎない

あなただから変えられる！
職場が動き出す気配り法

「して欲しい」を「する」勇気

気配りとは、相手の立場に立って、相手が「して欲しい」ことをする気づかいです。これが簡単なようで難しい。相手はそう思っていないかもしれないし、迷惑かもしれない。そう思うとなかなか勇気が出ないものです。小心者には、「どうした？　何か困ったことある？」なんて話しかけるのも結構ハードルが高かったりするものです。

でも、この「して欲しい」を「してもらえない」状態が続くと、誰でも心の体力が弱ってきます。それは上司でも部下でも同じです。あなたがどの立場でも、相手に**「あれ？　いつもとちょっと違うかも？」と違和感を覚えたら、気配りの出番**です。

気配りは「聴く」から始まる

基本的に、人は自分のことをわかって欲しい、自分の話を聴いて欲しいと思っています。だからといって、「どうした？　なんか元気ないね、話聞こうか？」といきなり話しかけても警戒されてしまいます。できれば、なにげなく、例えば、調査や会議で外出した車の中とか、残業で人が少なくなったタイミングで、雑談をすることです。その中で「最近実はね〜」と話が出たら、さりげなく聞き倒し、「私にできること何かある？」と問いかけてみる。話すだけで頭が整理され、ラクになることだってあります。話すのが苦手という人は、「聴く」達人になればよいのです。

最近は、みんなパソコンに向かっていて対話が生まれにくい職場になっています。人と深く関わることもないので、それが安心だという人もいます。だからといってほうっておくと、ますます関わりが持てなくなります。仕事は、お互いの情報をキャッチボールしながら、方向性を確認したり、役割分担をしたり、スケジュール調整をしたりして進めます。**なにげない話の中に、ヒントがあったり、貴重な情報があったりするものです。**そういう対話が生まれやすくなるようにするのがあなたの役割です。

笑顔は最強の気配り

役所内を歩いていると、「すみません、〇〇課はどこですか？」とよく声をかけられます。私の笑顔が、話しかけやすい雰囲気をつくっているのだと思います。私は、朝、役所の玄関を入る時に、意識して笑顔のスイッチを入れています。笑顔は、安心感を与える最強の気配りだと思っているからです。

管理職研修で、「管理職は机の前に鏡を置いて、毎日、自分の笑顔をチェックするくらい、笑顔には注意した方がよい」と教わりました。特に管理職の表情は部下の仕事に影響を与えます。上司が笑顔でいると、部下は安心して、ちょっとした相談もちかけやすくなり、仕事がはかどります。**笑顔でいることで、職場の情報も集まりやすくなります。**「上司の機嫌が悪そうだから、相談は明日にしよう」と伸ばし伸ばしにされれば、対応が遅れることだってあります。そう思われたら負けなのです。

memo

勝者より笑者になろう

役職仕事と自分の希望を整理する

「〜しやすく」&やりたいことをする

なってみてわかったこと

私が係長（諫早市では「主任」という役職名です）になったのは40歳の時、課長補佐が45歳、課長は53歳でした。係長になって驚いたのは、**なったその日から「主任、どうしましょうか？」と判断を求められたこと**でした。「え？　昨日まで、一緒やったやん、ってか、あなたの方がその仕事の経験長いやん、それ私に聞く？」という気持ち。それが役職の違いだと思います。課長補佐になった時は、係長が率先して動いてくれて、その班の情報を的確に伝えてくれることがありがたいと思いました。

課長になってみると、課長補佐がなにげにフォローしてくれることに何度も助けられ感謝をしました。よく、「一つ上の立場になったつもりで、〇長ならどう考えるだろう」と思って仕事をしなさい、と言われます。もちろんそれは大事なことですが、実際は、一つ上の立場とはなかなかわからないものです。今なら、相当役に立つ課長補佐になれる気がしますが、当時、その動きができていたかと言えば、反省しかありません。

役職の役割は「～しやすくすること」

私は、役職の違いに関わらず、**上司の役割は「～しやすくすること」**だと思っています。そのために、相談しやすい雰囲気をつくり、対話をしながら、部下には難しい内部の調整をしたり、上に話を通したり、外部との交渉をしたりすることが仕事です。それが係長の時は自分の島が、課長になれば課が守備範囲となります。常に部下がどうすれば「～しやすくなるか」を考え、動くことです。部下の立場では見えない情報や状況もあり、上司からすると「そんなこと？」と思えるようなことでつまずいていることがあります。それは経験と情報の違いですから、仕方がありません。そこに気づき、部下の仕事がスムーズに流れるようにすることが上司の役割だと思います。

「こうして欲しかった」と思うことをやる

長い役所生活を振り返ってみると、「あの上司の下で仕事をしていた頃に成長したな～」と思える上司がいます。逆に、「あの失われた○年を返して欲しい」と悔やむ経験もあります。それは上司の能力の問題もありますが、自分との相性だったりすることもあって、一概にこうすべきとは言えません。基本的には、**自分が部下の立場だった時、上司にこうして欲しかったと思うことをやればよい**のだと思います。

私は、小心者で、悩み事をなかなかオープンにできず、ウジウジ悩むタイプなので、職場が話しやすい雰囲気で気軽に相談できたらいいのになぁ～と思っていました。なので、上司の立場になったら、「ザッソウ(雑談・相談)やシュンギク(部下の旬を聴く)の機会を大事にしています。人それぞれ能力やキャラクターの違いがあり、無理に背伸びをせず、「こうしたい」と思うことをのびのびやったらよいと思います。

memo

自分が期待する役職になることを目指す

昇進街道、どう進む？

行くも戻るも
悩みは
尽きず……

昇進街道の歩き方

昇進街道を突き進むのか、寄り道をするのか、あるいは外れるのか。人によって道は様々です。順調に歩みを進めていたのに、思いかげない病気で寄り道をすることもあり、家族の事情で歩けなくなることだってあります。昇進試験の時期と育児時期が重なり、そもそも通行手形をもらえないという人だっているでしょう。私自身は、突き進むでもなく、外れるわけでもなく、早くもなく、遅くもなく、やっとここまで来たという感覚です。途中、飛脚のようなスピードで追い抜いていく人もいました。一緒に旅をしたかったのに、街道を歩くことさえもできなくなった友もいます。**昇進街道は、山あり、谷ありです。**

山を越えてみよう

ある知人は、管理職に就任した時、「あなたは女性枠」と言われたことがショックで、「だからこそ、なんとしても認めさせなくては」と心に誓ったそうです。今は、立派な管理職として活躍中ですが、「振り返ってみれば、もっと自然体でリラックスしてよかったのではないかと思う。肩の力を抜いて、自分なりのやり方を信じて、周囲を見回せば、男性管理職だって同じようなものだってことがわかったし、管理職をやってみたら、意外に楽しい。**最初の山を越えることは大変だけれど、次の山は意外にラクに感じられる**」と話してくれました。

私も同じ気持ちです。管理職になってみたら、自分の権限の及ぶ範囲は自由に発想し、動かすことができるし、自分のペースで仕事ができてやりがいを感じます。もちろん、思うようにいかないことも多々あります。でも、それらの山をジタバタしながらなんとか登りきると、また違う景色が見えて、旅はより楽しいものになります。

一緒に進もう

私達の世代は、「女性は優秀じゃないと課長になれないけれど、男性は普通でもなれる」と言われるように、管理職になるのは「特別」な女性でした。男性に負けないようにと頑張って、「○○市役所、初の女性△△○長」と言われ続けた人もいます。一方で、家庭との両立に悩み、そこまでたどり着けなかった人もいます。補助的な仕事の経験しかないのに管理職にさせられて、辞めていった人もいます。昔は、採用時から数に差があり、今は、そもそも管理職になる年頃の女性が少ないのです。

でも、どこの役所も女性職員は増えており、ある年代からはほぼ半数です。これからは「特別」じゃない女性職員が管理職になり、昇進街道を一緒に歩く仲間も増えます。女性管理職の数が増えれば、男性のルールによる組織文化も変わります。**誰も「女のくせに」とか「女のわりに」などとは言わなくなるでしょう。そう遠くない未来です。**

memo

「女性管理職」がいなくなる未来はすぐそこ

対談②

『わからないからやってみる』

上野美知さん
和歌山県和歌山市　財政局財政部長

――HOLG（地方自治体を応援するメディア）のご縁で知り合った上野さんは、技術職（化学）として採用され、微生物検査を担当されていたそうですが、今は財政部長さんです。「途中で道を踏み外しまして（笑）」とおっしゃるその経歴がユニークだったのと、Facebookから伝わってくるお人柄にピンときて、お話を聞かせていただきました。――

―民間からの転職なのですね。

千葉県の化学メーカーに就職したのですが、父の病気もあり、母がたまたま市報で和歌山市の化学職募集の記事を見つけて、応募して採用されました。

―研究職から事務職になったきっかけは？

衛生研究所で13年間勤務していたのですが、上司との面談の際、検査技術を極めるのもいいけれど、今後、いい年になって、ポンと本庁勤務になったりすると大変だから、若いうちに、役所のことをわかっていた方がいいかなと思う、みたいなことを話したら、本庁の環境政策課に異動になりました。

―そこではどんな仕事を？

ISO14001の事務局でした。本庁の仕事の仕方がよくわかってなくて、例えば、2年目にはコンサルタントに頼らず、自分でパワーポイント資料を作って研修をしたり……。当時は珍しかったようで、今、思うと、関係部署や偉い立場の方に対して、怖いもの知らずだったと思いますが、それがよかったのだと思います。ずっと出先にいたので顔を知られていなくて、説明会では「原稿も見ずに喋っているあいつは誰や?」みたいな話題になったようです(笑)。

その後、財政課に異動ですよね。びっくりされませんでしたか?

まわりに大変だよと言われたのですが、財政課がどんなところかも知らないので、何が大変かも知らなくて。財務会計も不勉強だったので、〝そんなことも知らないの?〟の連続でしたけれど、怖いもの知らずのおかげで、とにかく、わからないけれどやってみるという感じでしたね。

心は折れませんでしたか?

折れかけはしましたね。上司に、自分の査定が甘いとか、そんなことも調べていないのか、担当課に聞いていないのかと言われると、キツいですよね。特に3年目は民生費を担当していて、障害福祉や高齢福祉の制度も大きく変わる時期だったので、徹夜をしたこともあります。でも、役所内のいろいろなことがわかったし、世間が広がったので、有り難かったです。

当時、財政課には女性一人でしたか?

もう一人いましたけれど、主計員は私一人でした。今は、管理職も含め課の女性職員が4人になりましたが、みんな独身ですね。財政課は勉強になるし、キャリアアップにはいい経験ですけれど、私生活が止まってしまうので、そこを何とかしたいという思いはあります。子育て中の男性職員には、なるべく子どものことに時間をかけられるように声をかけたりしますけれどね。

今は、独身の公務員女子も多いですよね。

私も独身で、家のことは母に任せているので、申し訳ない気もします。ただ、独身の場合は、親の介護や自分の健康問題とか、全部自分でやらなきゃいけないので、困ることもあります。独身だから大丈夫と思われがちですけれど、それぞれに事情があるから、いざという時は頼れるネットワークをつくっておくことも大事だと思います。

――財政課の後は？

一般廃棄物課、環境政策課、下水道経営課で、庶務担当班長、部の予算監理の担当をしました。7年後に、財政課の副課長として戻り、1年半後に財政課長になりました。

――課長になってみてどうでしたか？

全体を見回せる余裕ができたのと、仕事が頼みやすくなりましたね。もう少しチームビルディング的なことをやってみたかったけれど、1年半後に部長になり、ちょっと間接的になったイメージです。もう少し課長職をやってみたかったですね。

――わかります。課長ってダイレクトに職員に関わってやりたいことがやれますもんね。

――最後に、公務員女子に伝えたいことは？

特に私の場合は、技術職の人に対して、専門を極めることも大事なことだけれど、役所の基本的なこと、行政としての考え方などもきちんと学んで欲しいと思います。どんな危機やチャンスが待っているかわからないからですね。それと、異動については、行ったところで楽しみを見つけて、自分なりの成果を出すことですね。頑張っていたら見ている人はちゃんといます。今は経験した職場に戻ることも多いし、得意なことを磨いておくこともいいと思います。

――上野さんは、35歳の春に突然バイクに乗りたくなり、コケまくって、規定の倍の教習料を払って免許を手に入れ、今は、223ccのバイクで通勤や街乗りを楽しんでおられるそうです。

「できないからしない」ではなく「できないからやってみる」。

自分の可能性を広げるために大事なことですね。

――

3章

公務員女子のお悩み相談

私生活編

「女」の固定観念から
逃げていいんです

「女」の固定観念から逃げていいんです

家事って
どこまで
やればいいの？

凹むとなかなか立ち直れません。
気持ちの切り替えスイッチが
あればいいのに…

結婚も妊娠も嬉しい、
けれど、不安。
やっていけるのか私…

いつか「男女共同参画」が普通になって、担当部署がなくなる日がくればいいのにと思ってきましたが、まだ存在しています。

昔に比べれば、制度は整い、男性の家事参画も進んできましたが、相変わらず女性の家事負担は重く、仕事も家庭も自己実現も充実させたいけれど、現実は……と悩んでいる人も多いと思います。

私も30年間、いろいろと悩み、苦しみ、転び、立ち上がり、泣きながら、でも最後は笑えるようにと、小さな成功体験を積み重ねながら、ここまできました。

実際に、どうすれば気持ちよく働けるのか、家庭がうまく回るのか、自分の気持ちを整理できるのか、自分や家族を守れるのか、日々のちょっとしたヒントや知恵をお伝えできたらと思います。

仕事と家事、育児、
どうやって
両立させていますか？
正直しんどいんですけど…
地域や
コミュニティ…
実は苦手です

ワークとライフのバランス

どう調整するのが一番？

バランスは年単位で調整する

「仕事と家庭、どうやって両立させてきましたか？」とよく聞かれます。私の答えは「**両立は無理、どっちも立たせようとすると、自分が倒れてしまいます**」です。配属された部署によっては、仕事に傾かざるを得ない時があります。キツい仕事や面白い仕事があり、「やるしかない」な時も「やってみたい」時もあります。そんな時はどうしても家事は手抜きになり、家族への配慮も雑になります。逆に、家族の年齢や健康状態、出来事によっては、仕事が手につかなくなることだってあります。それは仕方がないことです。日々をバランスよく過ごせれば理想的ですが、長い役所生活では凸の時期もあれば、凹の時期もあります。バランスは年単位でとれればいいか！ くらいにとらえればよいと思います。

バランスは人と調整する

同じように、職場の仲間にも時期的なバランスのずれがあります。心身ともに健康で働き盛りの人、小さな子どもを抱えている人、病気の親の介護で時間がない人、自分の病気で悩む人……。それぞれにいろいろな事情があります。余裕がある人が余裕のない人のカバーをするしかありません。**人生は恩送り。**今、子育て中で大変な人も、いつかは必ず落ち着きます。それからワークを優先しても遅くはありません。その時ライフを優先せざるを得ない人を、まわりの人が応援すればいいのです。

家族とのバランスもそうです。どちらかが忙しい時はカバーする、忙しい時期が重なっていたら役割分担をする。場合によっては、親や子どもを頼る。時間は有限なので、少々の工夫では解決しないものです。仕事が好きな人とそうでない人の組み合わせだったら、仕事が好きな人が仕事を優先するというのもありでしょう。そこは話し合いをするしかありません。

バランスは優先順位がすべて

ワークとライフのバランスをとるためには、自分の中で何を優先するのかを明確にしておくことです。優先順位が決まっていないので、中途半端になって気持ちがモヤモヤするのです。例えば、残業せざるを得ない繁忙期、週末はおかずの作り置きをしておくのか、それとも体を休めるのか、気晴らしに買い物に行くのかを決めておく。要は、自分がどうしたいのかです。平日のご飯の準備が整っていると気持ちが落ち着く人もいれば、残業代は外食に消えても悔いはないという人もいます。部屋が汚いと気持ちが凹む人もいれば、全く平気な人もいます。**それぞれの価値観なので、どれが正しいということはありません。**どうすれば自分の気持ちや体がラクになるかの問題です。平日は遅くまで残業して休日はダラダラする、平日は早く帰るけれど休日出勤をして取り戻す、そんな優先の仕方もあるでしょう。大事なのは自分で決めることです。

memo

ワークとライフは無理に両立させせない

結婚や妊娠、どう伝えると良い？

「知らせる」5W1H

いつ、どこで、誰が、何を、なぜ、どのようにして

結婚や妊娠を知らせるタイミングや伝え方は、明確な決まりがなく、悩ましい問題です。**結婚の場合は、直前でも構わないと思いますが、結婚式や旅行等で長期の休みを取得するなら、仕事の段取りを調整する必要がある**と思います。出産の場合は、初期は不安定で、配慮して欲しいと思う反面、あまり大げさにしたくないという気持ちもあります。私が妊娠したのは選挙管理委員会（選管）事務局にいた頃でした。4月末に市長選挙を終え病院に行き、妊娠を確認しましたが、同時に子宮筋腫も見つかってしまいました。そして、6月初旬には妊娠継続は困難かもという状態になり入院することになりました。当時、私は選管7年目のベテランで、抜けたら困る存在でした

が、こればっかりはどうすることもできません。7月の参議院選挙の際には、病室で点滴をしながら電話で指示をしていました。結局、12月の出産まで職場復帰することはできず、私を含め4人しかいない職場の皆さんには随分迷惑をかけてしまいました。

できれば早めに

妊娠、出産は人によって症状の違いがあります。つわりも軽く、産前休暇まで元気ハツラツという人もいれば、痩せ細ってしまうほど症状が重い人もいます。場合によっては、切迫早産で急に出勤できなくなることもあるので、早めに伝えるに越したことはありません。**早くから表明しておけば、上司も同僚も心の準備ができるので、余裕をもって引継ぎができます。不幸にして妊娠を継続できなくなったとしても、しばらくは出勤できなくなり、精神的な負担も大きいので、まわりの協力が不可欠です。**体調や不安な気持ちは本人にしかわからないので、早めに遠慮なく伝えましょう。

まわりへの配慮

私にもこれまで同僚や部下が出産する機会が何度かありました。同じ女性として応援したいと思いましたが、正直カバーは大変でした。特に、自分の子どもが小さい頃はただでさえ余裕がなく、負担を感じるものです。当然の権利と言ってしまえばそれまでですが、知人は、そういう配慮が欠けていたために、一時期、先輩から口を聞いてもらえなくなった経験があるそうです。

最近、育休復帰後、「私、子どもが小さいので、残業はできませんから」といきなり「時間外勤務制限請求書」を出す職員がいると聞きました。もちろん、子どもが小さい時は仕方がないことだと思います。夫や親からの支援がもらえない場合は、「自分しかいない」という責任感もわかります。だからといって、まわりや上司に相談することなく、**当然の権利だという態度をされると、応援しようという気持ちもしぼんでしまいます。**「先に帰って申し訳ない」「カバーしてもらって有り難い」「いつかこの分はお返しします」という気持ちを添えて言葉や態度に表すことが大事だと思います。

memo

「制度」だけれど、支えるのは「人」

休暇をとるためのスケジュール

出産、育児、介護、病気……

予定は未定

産休、育休、介護休暇といったものは、ある程度事前にスケジュールを立てることができそうな気がしますが、実はそうでもなかったりします。産休は、出産予定日の前8週間前から休むことができますが、体調によっては早めに病気休暇で休まざるを得なくなります。引継ぎやお産の準備をグズグズしていたら、早産で産前休暇がなくなり、病院のベッドの上で焦りまくるという事態に陥ることだってあります。

介護休暇は、それこそ、ある日突然、家族が重篤な病気になるという事態もあり、予想がつきません。出産や子育て、介護など関係なく、誰しも**もしかしたら明日「こんなはずじゃなかった」なことが起こり、数週間、数カ月、出勤できなくなるかも**しれません。

「おせっかい」全開で準備する

とはいっても、どの休暇もある程度スケジュールの予測はできます。産休は妊娠がわかった時から、介護についても慢性的な病気の場合は、事前の準備が可能です。「**明日出勤できなくなるかもしれない**」というつもりで今の自分にできる最大限の準備をしましょう。

そのために欠かせないのが仕事の「見える化」です。役所の職員は異動を繰り返しているので、過去の書類や事例を紐解きながら答えを導くことには慣れています。ですが、自分の仕事をしながら、休んでいる職員の仕事を引き継ぎ、代替職員に仕事を教えるというのは相当の負担となります。その負担を少しでも軽減するために、いろいろな工夫を残しておきましょう。代替職員は役所のルールもよく知らないことが多いと思います。「この処理は必ず月の○日までに処理をして、○○課に提出してください。その時、○○に入力することも忘れないで」などと具体的なコメントを書いておきます。代替職員がいちいち正規職員に聞かなくても仕事ができるようにしておくのがプロだと思います。

ノウハウは共有しよう

これからは、管理職が介護休暇を取得する事例も増えてくると思います。私は一人っ子ですので、親に何かあった時は、福祉や介護の制度を活用しつつ、職場のフォローをいただきながら、仕事を続けたいと思っています。そのために、**私はできるだけ管理職としての仕事の「見える化」を心がけています。**休日の行事の細かい段取り（駐車場はどこで、着ていくものはどんな感じか、挨拶や寸志を準備する必要はあるのか、退席のタイミングはいつか等）や、議会対応の勉強の経過、課内ミーティングの記録など、代理をお願いするかもしれない人に役立つ情報を残しています。お互い様のノウハウの共有が、自分や誰かを助けることになるのです。

memo

いざという日は明日かもしれないと思って準備する

育休中にやっておくこと

後悔はできるだけ少なく

私の後悔

私個人は、1カ月しか育休を取得しませんでした。切迫早産の恐れありということで、妊娠初期から入院をしていたので、「これ以上は休めない」という焦りがありました。当時は、育休制度が始まったばかりで、共済組合の手厚い給付金支給や掛金免除などの制度もなく、「そんなに休んで大丈夫?」という雰囲気もありました。また、早く復帰して、それまで7年間もいた選挙管理委員会事務局から異動したいという希望もありました。しかし、復帰後間もなく、衆議院が解散し、怒涛の選挙事務が始まってしまいました。投票日までは家に帰ることもままならない状況だったので、生後半年の娘は実家に預かってもらいました。約2カ月間、子どもに会いにいく精神的、時間的余裕もなく、夜中に帰って子どものビデオを泣きながら見ていました。やっと選挙が終わって迎えにいくと、ばーちゃんから引き離される不安を感じた娘に大泣きされ、切ない気持ちで連れて帰りました。**大事な時期に自分から手放してしまったこと、育休という貴重な時期を味わい尽くさなかったことに、後悔が残ります。**

育休を味わい尽くす

せっかく子どもを授かり、育休という制度を利用できるのだから、育休中はそれを精一杯味わえばいいと思います。**子育ては休みなしの24時間営業、その大変さ、喜び、理不尽さ、不安や不便を実体験できることは公務員として貴重な経験**です。パパママ講座に参加したり、子育て支援センターに出かけてみたりして、まちの施設や事業の使い勝手を市民目線で感じてみることもよいと思います。そのことが復帰後、本当に必要な支援やしくみを考えるヒントになるかもしれません。イベントを企画する時も「どうすれば情報を届けられる？」「授乳できるスペースを設けなくても大丈夫？」などと考えるきっかけになるかもしれません。避難所での心配りに役立つかもしれません。決して休んでいるなんて思わないでください。

今だからできること

1冊目の本を出した後、本を読んでくださった若い公務員女子数人からインタビューを受ける機会がありました。中には、もうすぐ育休から復帰する予定という人もおられて、いろいろ前向きな対話をさせていただきました。「今のうちにできることをやっておきたい、前進したい」という気持ちが伝わってきて、今の若い人はすごいなぁ〜、いいなぁ〜と素直に感心しました。今は、いわゆる公務員本がたくさん出版されていますし、SNS上で自由に情報交換をすることもできます。コロナ禍の影響もあり、セミナーや交流会のオンライン開催も増えてきました（2020年7月現在）。今まで、子育て中の人は、そんな機会に出かけていくことは難しかったけれど、**オンラインならば参加が可能**です。復帰に向けてのウォーミングアップのつもりでそんな機会を活かして欲しいと思います。

memo

育休中だからこそできることがある

モヤモヤのちりがつもる正体とは？

「見えない家事」に苦しむ前に

立場を逆転してみると

我が家の結婚生活は30年を超えます。そのうち前半の10年ちょっとは私が家計を管理し、家事もほとんど担っていましたが、後半は夫と役割を交代しました。きっかけは夫から「自分が家計の管理をやりたい」と提案されてのことでした。正直、立場を否定されたような気はしたのですが、忙しくもあったし、「やってみれば」という感じで交代しました。そこから、いわゆる一般的な夫のように小遣いをもらう立場になってみると、なんと気楽なことか。財布を握っていない立場上、食材費はもちろん、細かい消耗品の調達まで、「なくなったよ」と言えば調達してもらえます。ローンの返済や子どもの教育費に頭を悩ませることもありません。そのうち、買い物はほぼ夫の担当となり、私は、ティッシュの補完や町内会費の支払いなど、細々した家事が見えなくなりました。

やっていないと見えない

結婚当初は、選挙管理委員会事務局で勤務していたので、選挙の時以外は、定時に帰ることができました。もともと「家事は女の仕事」という家庭で育っているので、あまり疑問をもつこともなく、家事も真面目に、ほぼ一人で背負っていました。残業や飲み会の日は、前もっておでんやカレーを用意して、「夫に迷惑をかけてはいけない」と思い込んでいました。でも、忙しい部署に異動になり、子どももできて余裕がなくなると、状況は変わります。仕事も家事も全力でやったら、体がもちません。私の忙しさに比例して、少しずつ、確実に、夫ができる家事、受け持つ範囲が広がっていきました。最終的には、子どもに「よそではお母さんがご飯作っているんだって」と言われるまでになりました(笑)。**でも、そうやって立場が変わると、見えていたものが見えなくなります。**仕事も同じですが、家事は特に「やってもらっている人は、やっている人の苦労がわからない」という状況に陥ります。**「当たり前」ではなく、文字ど**

おり「有り難い」のだということが見えなくなってしまうのです。

「見える化」で役割分担

今でも、「うちの夫は、家事は一切やりません。なんにもできませんし」と聞くことがあります。家庭によって考え方はいろいろですが、一人で無理をしているのならば改善した方がよいと思います。

家事は、料理や洗濯、掃除といった目に見えるものから、日用品の補充、料金等の支払いに至るまで細かいことが山ほどあります。家事をやらない人にとっては、その大変さ、面倒くささ、重さ、有難さがわかないものです。一人でやっているのなら、見える化をした方がいいと思います。できれば**家族に見える場所に紙やホワイトボードを貼って、「今日の家事」を書き出し、その中から「これをやってもらえる?」と投げかける方法**です。見えない人には、見せる工夫が必要なのです。

memo

見えない人には、何が見えないのかもわからない

あなたの
心を
スッキリ守る

切り替え＆切り捨てスイッチ

スイッチのオン、オフはわかりやすく

他自治体の友達は、「役所を出る時、仕事のスイッチはバシッと切って、家のことしか考えないようにする」と言っていました。役所の玄関を出たら、頭は主婦モードに切り替えて、晩御飯のことや、やらなきゃいけない家事に集中するのだそうです。逆に、出勤してきたら、今度は家のことをすっかり忘れ、退庁するまで考えないようにする。そうやって、わかりやすく、**バチ、バチっと自分でスイッチを切り替え**ているそうです。仕事で高い評価を得ている彼女が、そんな風に自分の気持ちを切り替えながら、家のことにも気を配っているのだと知り、さすがだなぁ～と感心しました。

「私は一晩寝たら忘れる人だから」

これはある部下の言葉ですが、彼女は嫌なことがあると、「私は一晩寝たら忘れる人だから大丈夫」と自分に言い聞かせるのだそうです。まわりにもそう宣言し、自分もそう思い込むことで、嫌な気持ちを引きずらないで済む、おまじないのような言葉なのでしょう。もちろんすっかり忘れることはないのだけれど、気持ちの切り替えには効果があるそうです。

私も、嫌なこと、困ったことがあると、やっぱり寝ます。忘れるというよりは、ある程度考えて、あとは、自分の脳に任せるという感じです。「きっと、脳がいいアイデアを出してくれるはず」と思って寝ると、翌朝、もしくは数日後、「そうだ！　その手があるかも！」と何かがふってくるイメージです。

一つのことを思い詰めて、いい結果が出ることもありますが、ちょっと横に置くことで、別の何かにヒットして、解決することもあります。「きっとここから何かを得るに違いない」と自分を信じて、「あとは、神様、お任せします！」パンパン（二拍手）という感じです。

切り捨ての秘策

尊敬する人に、「どう話しても聴く耳をもたない人や、理不尽な攻撃をしてくる人がいたらどうしていますか？」と聞いたら、**「とびきりの笑顔でスルー**するようにしています」との答えでした。その人の言うことは聴かないのだけれど、一応、笑顔で敬意を表するのだそうです。そう言われて思い返してみたら、私も同じ手を使っています。世の中には、身勝手な人、意地悪な人、人を傷つけるのが楽しい人など残念な人が一定の割合でいます。そんな人と関わることになったら、とにかく距離を置くことが大事。腹を立てたり落ち込んだりする時間も無駄ですし、負のエネルギーは自分の心も痛めてしまいます。だからといって、あからさまに敵意を示すと余計に面倒くさいことになってしまいます。そんな時は、気持ちの中でブチっとスイッチを切りつつも表情は笑顔、「逃げるは恥だが役に立つ」です。

突然オフになる前に、スイッチは自分で押す

家族との時間

娘が小さかった頃のあのプヨプヨとした感触、初めてケラケラ笑った時の可愛さ、寝返りをうったり、立ち上がったり、歩き始めた瞬間……。今思えば、宝物のような時間でした。しかし、当時は、それが取り戻せない時間だとは気づかず、「早く成長してくれたらいいのに」などと、もったいないことを考えていました。特に、一番可愛い乳幼児期と仕事の一番忙しい時期が重なっていたので、当時の記憶はあまり残っていないというのが正直なところです。娘には本当に申し訳ないことをしたと後悔しています。今は、年老いた親との残り少ない時間がかけがえのないものだと感じています。

家族との生活は、決して楽しいことばかりではないけれど、過ぎてしまえば、どれも取り戻すことができない大切な時間です。

自分の時間

女友達の中には、自分より、子どもの部活や受験準備の時間を優先する人がいます。介護に自分の時間を割かれる人もいます。特に、女性は、自分の好きなことばかりをしていると、申し訳ないと感じる傾向があると思います。「自分ばかり出かけることが続くと夫の機嫌が悪くなる」というのもよく聞く話です。それぞれの家庭の事情があるので、なんとも言えませんが、**少しは自分のことを優先してもいい**と思います。

私は、45歳を過ぎた頃から、意識して自分の時間を確保するようにしてきました。本を読む、資格取得のための勉強をする、交流会に参加する、地域活動をする、ライブに出かける、会いたい人に会いに行く……。少々ワガママなくらい、自由に行動してきました。家族には多少迷惑をかけたかもしれませんが、50代になってみると、仕事への思いやモチベーションはそんな時間が育ててくれたのだとわかります。併せて、自分の人生も豊かになったと実感しています。

今ここを大切に

30代なら30代なりの経験があり、それに伴う感じ方、考え方があります。40代になって同じ経験をすることはできるかもしれませんが、受け止め方は異なります。その年代だからこそ、喜びが倍増するかもしれないし、傷が深くなることもあるかもしれません。どちらにしてもそれは自分にとって必要な経験です。私は嬉しいこともそうでないことも、**「そもそも私の人生のシナリオにこの出来事は書かれていて、ここからきっと何かを学ぶのだろう、将来、あの出来事があったから今があると思えるようになるだろう」と考えるようにしています。**「今ここ」が将来の自分をつくるのだと思えば、ワクワクもできます。年を重ねると残り時間は段々短くなります。辛い、つまらないと感じながら過ごしてしまってはもったいない！　キツいことでも「おぉ！　そうきましたか」と面白がって、今という時間を大切に過ごすようにしましょう。

memo

「今」は二度と戻れない、大切な時間

今すぐSTOP自己嫌悪！

自己有用感を満たすには

人は「誰かのため」と思えると、心が温まる

自己有用感とは、誰かのお役に立っている、人に必要とされている、自分になんらかの役割があると感じられることです。人は、自分の行為や存在が誰かの役に立っていると感じると、幸福感が高まり、心がポカポカします。すると何をやってもうまくいきますし、少々凹んでも、「元気を出そう」とすぐに立ち上がることができます。逆に「私なんて必要ない」「うまくいかないのは私のせいだ」と受け止めると、自己有用感が満たされず、心がどんどん冷えていきます。すると、表情は暗く反応も悪くなるので、人から頼まれることが減り、さらに役立たず感が積もってしまいます。異動したばかり、昇任してすぐだと、お役に立てないと感じがちなので要注意です。

人の役に立つためには?

自己有用感を満たすために手っ取り早いのは、人の役に立つことです。率先して雑用を引き受けるという手もありますが、**一番、効くのは、自分が得意なことで誰かに喜ばれること**だと思います。例えば、整理整頓上手だとか、データ入力がやたら早いとか、財務会計に明るいとか、司会が得意とか……、誰かが苦手なことを代わりにやってあげれば、「助かった!」という感謝がもらえます。なるべく多くのワザを身につけておけば、出番も増えるので自己有用感が満たされやすくなります。

「私はなんにもできないし」なんて謙遜が過ぎる人もいますが、そもそもなんにもできなければ採用されていません。人には何かしら、人より上手くできることがあります。自分では普通にできるので得意なことだと自覚していないだけです。ほんのちょっとしたことでよいので、人より上手なことを探してみてください。

元気を保つコツ

人は誰でも、理想の自分と、そうなれない自分を比べて、自己嫌悪に陥ることがあります。また、人と比べ、できない自分を責め、そんな自分のことが好きになれず、落ち込んでしまうこともあります。ほうっておくと体調まで壊してしまうので、自分で自分の気を元に戻す(元気になる)コツを身につけておいた方がいいと思います。

自己嫌悪は、「もっとこうなりたい」「今の自分では嫌だ」という感情の現れであり、裏には「このままでいたくない」「もっと成長したい」という意欲があります。なので、心がザワザワしてきたら「これは何かの転機かも」ととらえ、「そもそも私、どうなりたい？　どうなったらいいなと思っている？」と自問自答してみましょう。結果、「上を目指すのはキツそうだし、止めとこう」と納得するか、「よっしゃ、なりたい自分になるために努力しよう」と奮起するか、答えは自分が持っています。人は悩みながら成長するものですが、悩み過ぎは禁物です。

memo

自己嫌悪は成長意欲の裏返し

実は苦手……でも頑張れる！

地域やコミュニティとの関わり方

普通の暮らしの中で人と関わる

地域やコミュニティというと、なんだかまちづくり活動にどっぷりハマるようなイメージがしますが、そんなに構えることはありません。ごく普通の、ご近所づきあいや自治会の活動、保護者の集まりなどに顔を出していれば大丈夫です。たまに「役所の職員だとわかると役員等を押し付けられたり、面倒くさい頼まれ事をされたりするので、名乗りたくない」という人もいます。確かにそういう面もありますが、**市民に知り合いが増えるのは、悪くないこと**だと思います。例えば、仕事で何かをお願いに行った先に、子どもの保護者会で一緒だった人がいれば、話が通りやすくなります。もちろんお互いに信頼関係が築かれていればですけれど、知らない人よりは知っている人の方が、警戒されず、話もしやすくなります。

食事や買い物の場もコミュニティ

地元の飲食店や企業、お店の人と話したり、応援したり、交流したりすることも大事な地域活動です。お客様を紹介する。お土産やプレゼントにその店の商品を使う。メニューの美味しさや商品の良さをＳＮＳで伝える。たまには「こんな商品があったら嬉しいな～」と無茶ぶりをして、新メニューや商品開発のお手伝いをしても楽しいと思います。将来、商工観光の仕事に就いて、特産品づくりを一緒にすることになるかもしれません。農業の担当になって、直売所の人とコラボしてイベントをするかもしれません。公民館の担当になって、講座の講師をお願いすることになるかもしれません。成人式の担当になって、喜ばれる記念品を考え出せるかもしれません。

知り合いがいればいるほど、「あの人に頼んだら面白いかも」とアイデアが浮かびやすくなり、仕事が楽しくなります。

出会いに感謝する

　男女共同参画の仕事をしていた頃、ある女性に講座の講師をお願いしました。地方公務員だったけれど結婚を機に専業主婦になり、やがてカメラマンになったという経歴が面白いのと、写真がいい感じだったからです。テーマは、「グッとくる写真の撮り方と女性の生き方」でしたが、大変好評でした。やがて、それがご縁で、諫早もりあげガールズとして一緒に活動するようになりました。彼女の撮る写真はとても素敵で、おかげで私たちの活動も多くの人に知っていただけるようになりました。**今では、昔から友達だったかのような間柄ですが、知り合ったきっかけは仕事です。**振り返ってみれば、仕事じゃなかったら声をかけなかったでしょうし、「講師をお願いしてみよう」とピンときたのも、何かのご縁だと思います。ほかにもそんな出会いがたくさんあります。それも公務員の魅力の一つではないでしょうか。

memo

人とのご縁を大切にすることで、仕事や人生が豊かになる

完璧主義はほどほどに……

全部やろう、きっちりやろうは×

強みは武器であり、凶器

ストレングスファインダー®（米国ギャラップ社が開発した、人の「強みの元＝才能」を見つけ出すツール）によると、私の強みのベストテンには「最上志向」「達成欲」「責任感」が入っています。簡単に言うと、より良いものを目指して（最上志向）、達成できるまで、責任感を持って頑張る人ということです。理想が高く、向上心にあふれ、最後まで手を抜かない完璧主義は、公務員にとっては望ましい資質です。でも「もっと良いものを」「今日中にやってしまいたい」「自分がやらなければ」と自分を追い込み過ぎる傾向があります。また、人に対しても「その程度でいいの？」「なんで今やらないの？」「自分でやりなさいよ」と厳しくなりがちなので、注意が必要です。**強みを凶**

器にしてはいけません。

中高年は要注意

完璧主義がほどよく効いている時は、仕事もプライベートも、やりたいことがやりたいようにできているので、気持ちも充実しています。常に完璧を目指し、真面目に取り組む人は、周囲からの信頼も厚く、さらによい仕事ができるようになります。

でも、それが過ぎてしまうと困った状況に陥ってしまいます。例えば、完璧を求めるあまり、仕事の出来が遅くなる、人と協力してやった方がよいことも一人で抱えてしまい、仕事の質とスピードが上がらない、すべてのことが完璧にできないことがストレスになる……などです。

40代、50代になってくると、自分のことだけではなく、これに部下やチームの仕事が加わります。自分のペースでは物事が進まないし、失敗したら責任を負うことになる、だからといって、手を出すわけにもいきません。体力も落ちてくるし、同時期に、家族の課題が複雑な段階に入ったりもします。**完璧主義にこだわっていたら、ある日突然電池切れということにもなりかねません。**最近、無理を重ねていないか、人にイライラすることが増えていないか、要チェックです。

加点方式で受け止める

完璧主義の人は、ついつい「あれができていない　△10点」「これの出来が悪い　△5点」「それが足りない　△20点」と減点方式でとらえがちです。また、「普通」の基準が高く、「これくらいできて普通じゃん」が普通じゃないレベルだったりします。自分では60点と思っていても、人は１００点と感じていることもあります。１００点を目指して努力することは大事ですが、「いつも１００点じゃなきゃ」だと疲れます。常に完璧を目指すのではなく、「ここがよかった　＋5点」「あれに気づけた　＋10点」「ケガがなくてよかった　＋5点」などと**「よかった探し」をしながら、加点方式で受け止める**ようにしましょう。

memo

うまくいかない時は「まっ、いいか」とつぶやいてみる

対談③

『自分を大切にするための優先順位』

平野真夕さん
青森県三沢市　国際交流課交流係長

——5年前、山形市で開催された東北まちづくりオフサイトミーティングの勉強会で出会ってから、子育てしながら学びや交流の場に積極的に参加している姿に刺激をもらっています。そんな元気印のひらまゆちゃんに、昇任試験や役職について思うこと、子どもや部下を育てるコツ、家族や周囲の巻き込み方など、あらためて聴いてみました。——

子どもさん達はいくつになりましたか?

長女が中1、次女は小2です。手はかからなくなってきたけれど、長女は大人になる手前だし、しっかりとした対応が求められるなぁ～と感じています。

子どもが小さい頃は、やはり大変でしたか?

長女の時がそうですね。それまでのように自由に残業ができなくなったし、時間的制約が多くて、常に娘に申し訳ないなぁ～と感じていました。特に東日本大震災の時は、随分寂しい思いをさせたと思います。また、そういう焦りやイライラが子どもに伝わっていたようにも思います。

余裕がなかった?

今思えば、仕事も子育てもしっかりやらなきゃと思っていました。2人目ができたら、さすがにワンオペではどうしようもなくなって、ちゃんと言葉にするようになりましたね。

言葉にするというと?

夫に対して、今週は残業したいとか、来週は会議があるから早く帰って欲しいとか。

それまでは言ってなかった？

夫は民間なので、言う前からあきらめていたという か、勝手に無理だろうと思い込んでいましたね。でも、言うことで、夫も仕事の仕方を工夫するようになりました。それと、完璧をあきらめたことも大きいかな。

完璧をあきらめるとは、例えば？

夫にも子どもにも手伝ってもらうとき、例えば洗濯物のたたみ方が違っても、自分がやった方が早くても頼む。そして、相手にひたすら感謝して、〝ありがとう〟をちゃんと言葉にすることですかね。それは部下に対しても同じだと思います。

部下にも意識して言葉にしている？

注意する時も、できているところをちゃんと認めて、こうした方がもっとよくなると思うよ、と伝えることを心がけています。

昔から、そんな人だった？

若い時はもっとストレートだったかも。子育てとかPTA活動とか、災害を体験して、人マネ（早稲田大学マニフェスト研究所人材マネジメント部会）の研修を受けたことで、真っ向勝負だけでは上手くいかないということがわかったからかもしれないですね。

係長になったのはいつですか？

37歳の時でした。3回目の挑戦でした。

昇任試験を受けない人が多いと聞くけれど、どうして受けようと思った？

よく、自信がないとか、まだ無理とか言う人がいるけれど、私は逆に、おばちゃんになって係長になる方がキツいと思ったんですよね。当時の上司が庶務だけじゃない仕事を与えてくれて、背中を押してくれたことも大きかったと思います。

実際に係長になってみてどうですか？

みんなが言うほど、係長はこうあるべき！みたいな理想化もしてないし、特に変わらないですね。ただ、部下が殻に閉じこもるタイプだと難しいかも。上手に相手のいいところを引き出してあげられない、まだまだ自分が信頼されていないなどと、無力さを感じることもあります。でも、相手が思っていることを話しやすい雰囲気づくりを心がけているという意味ではファシリテーションを学んだことが効いていますね。

わかる、わかる、何かをしやすくするって、大事な役割だよね。

今、やっているグラフィックファシリテーションもそうですけれど、こうじゃなきゃいけないというこだわりは要らないんですよね。自分の意見とは違う意見でも模造紙に書くこともあるし、今回これは書く、これは書けたら書く、みたいな優先順位を決めるのも育児や仕事に通じるところがあります。今はできないけれど、3年経ったらできるかもしれない。今絶対やらなきゃいけないこと、今しかできないことを優先するって大事ですよね。

そういうオフの活動から学んだことは？

全国の自治体職員と知り合えたのは貴重な財産です。困った時はすぐ聞けるし。それと、仕事では得られない体験ができることかな。プレゼンテーション力とか場をつくる機会とか、オフには失敗がないから、思い切ってチャレンジができますね。

最後に、公務員女子に伝えたいことは？

自分を大切にということです。やりたいことを我慢したり、自分の考えを封じ込めたりせず、好きなことがあったら、やった方がいいと思います。

――**オフの場に時々家族も同行し、自分の活動や仲間を紹介するのも、気持ちよく活動できるコツだそうです。肩肘はらず、遠慮せず、もっと欲張ってもいいんじゃない！　というメッセージが印象的でした。**

――

4章

公務員女子よ、地図を広げよ

人生にもっと
ワクワクしよう

人生にもっとワクワクしよう

将来、どんな仕事をしたいか、
どんな人になりたいかと
聞かれても、今の自分には
イメージできないなぁ。

スキルアップの
ノウハウを知りたい

ライフステージに応じた
生き方、楽しみ方、勉強の
仕方を教えて欲しい！

毎日、楽しくないわけじゃないけれど、充実しているとは言い切れない。自分を見つめ直したり、将来のことをじっくり考えたりしたい気もするけれど、日々の仕事や家事に追われている。もしかしたら、今という貴重な時間を無駄に過ごしているのではとアセる時もある。年は重ねたけれど、知識や経験は重なっているのだろうか？　今のうちに、何か学んだり、身につけておいたりした方がいいと思うけれど、何がいいのか、どんな方法があるのかわからない……。そんな漠然とした不安を感じている人もいるでしょう。

「将来、こんなことをして生きていきたいと考えているので、今からこんな準備しています」とは言えない、今のあなたのために、未来のための小さな一歩のいろいろをご紹介します。

20 〜 30代は
チャレンジ
時代！

若手時代やるべきベスト10

若手だからこそやらかしておく

最近は、中途採用の人も増えたので、いくつまでを若手と呼ぶのか微妙ですが、ひとまず20代から30代までとしてみましょう。「若いっていいね」とは言われますが、実は、仕事のスキルも人脈もあまりなく、〝初めて〟が多いので、いろいろな不安や悩みを抱えがちな時期でもあります。自分自身を振り返ってみると、少し失敗を怖がり過ぎて、小さくまとまってしまっていたかなぁ〜と後悔したりもします。

若い時にしか経験できないこともあり、若いから許されることもあり、痛い目にあったからこそ成長することもあります。身軽な20〜30代には、**ちょっとチャレンジだなぁ〜と感じるくらいの負荷を自分に与えてあげてください。**

ノビノビ、スクスク、失敗を恐れずやってみる

公務員女子「　　　　」やるべきことベスト10

1	行く	行くかどうか迷ったら、行くに限る
2	見る	自分の目で、見る、観る、視る
3	会う	人との出会いは運命との出会い
4	読む	人生を支えてくれる本との出会い
5	話す	人って話さなきゃわからないのです
6	書く	見える化することで見えてくるもの
7	学ぶ	学ぶほどラクになる、人の役に立つ
8	遊ぶ	真剣に遊ぶからこそ人生は楽しい
9	集う	人と集うことで、自分が磨かれる
10	泣く	涙の数だけ、強く、優しくなれる

＼行く／

「なんとなく」

「とりあえず」

でOK！

お金や時間がかかる所に行く

自分のために使うお金と時間

年を重ねると自由に使えなくなるもの、それはお金と時間です。将来、育児や介護を担う立場になれば、どちらも自分が思うようには使えなくなります。私も若い頃はそれに気づかず、やりたいことも我慢して貯蓄に励んでいましたし、逆に、時間は相当の無駄遣いをしていました。だからといって、お金については、全部使ってしまった方がいいということではありません。毎月、カード等の支払いで自転車操業状態、というのでは精神的なゆとりがなくなるし、学びや体験のチャンスがふってきた時、サッとつかむことができません。ある程度の蓄えは必要だと思います。

時間は蓄えておくことはできません。日々、目的をもって大切に使う人とそうでない人の差は、時間の経過とともに、相当に広がってしまいます。

「自分に投資する」という考え方

私が若手時代にやっておけばよかったと思うこと、それは**「自分に投資」すること**です。具体的には、このあとの項に続きますが、特に、海外や全国各地のまちに出かけていくことはもっとやっておけばよかったなと悔やんでいます。

例えば、今、私は、オフ活動のご縁や集まりで、いろいろなまちを訪れています。直接、そのまちに住む人の話を聴きながら、まちの歴史や文化、魅力に触れることによって、多くのことに気づかされます。ハード面、ソフト面ともに、なぜそんな場所やしくみが生まれたのか、誰が関わっているのか、どうやってその価値を伝えようとしているのかなど、とても刺激を受けます。

そして、ほかのまちを見ることは、自分のまちの魅力や価値を再認識することにもつながります。今からの時代は、海外のまちを見ておくことも大事なことでしょう。

家族を持ったり、役職が上がったりするとなかなか自由な時間はもてなくなります。若い頃から意識して「ほかのまちを見にいく」ことは心がけて欲しいなと思います。

どこに、どうやって行けばいいの？

例えば、テレビや雑誌を見て気になった場所に出かけるというのもいいし、何かのイベントを目的に視察に行くのもいいでしょう。長期研修で仲良くなった人が働いているまちを訪れるというのもありです。現地で説明をしてくれるような人がいればベストですが、いなかったらその場でまちの人の声を聴けばいいと思います。

私は、研修やオフの集まりで一緒だった人に「今度遊びに来てください」と言われたら、それを真に受けて、実際に行ってみます。そのまちがつくっている観光マップ、広報誌はもちろん、案内の看板、表示、直売所で販売されているものの陳列方法やデザイン、まちの人との対話、なんでも学びのネタになります。

旺盛な好奇心を旅のお供に、ワシワシ出かけてみてください。

その好奇心が好機をつくる

みる

見る、観る、視る！

自分の目で見て、確かめる

実物、本物を見る

最近は、インターネットのおかげで、ある程度のことは現地に行かなくても把握できるようになりました。それでもやはり**実物や本物を見ることは大事**だと思います。例えば、Ｉｎｓｔａｇｒａｍに掲載されている美しい風景も、写っていない部分や光や風、温度、香り、その場の雰囲気といったものは、現地で実際に見なければ感じとることができません。

長崎県諫早市には「こどもの城」という公共施設があります。ホームページには「恵まれた自然環境の中で、子供たちの主体的な活動、子ども相互の交流、家族その他子どもたちを見守る人々の交流等を通して、子どもたちの生きる力を培うこと」を目指すと書いてありますが、具体的に言葉で説明するのは難しい施設です。毎年、たくさんの視察を受け入れていますが、「奇跡の公共施設だ」と高い評価を得ています。実際に、子どもやその親、地域の大人たちが、どんな表情をして、どんな活動をして、どんな交流がなされているのか、なぜそんな施設が必要なのかは、行って見てみないとわかりません。

イベント等を観る

全国各地でいろいろなイベントが開催されています。自治体が主催するものもあれば、市民が主体的に取り組んでいるもの、企業が主催するものもあります。それらのイベントにまめに足を運んで、全体を見回しておくことは大事なことです。異動になれば、直接その担当者になるかもしれませんし、コラボすることで大きな成果を生むものもあるかもしれません。たまに他部署のイベント等に動員される場面もありますが、そんな時は当事者目線で、会場の使い勝手や雨天時の対応、人の動線や誘導、広報から案内の仕方まで、**「自分だったらこうするかも」という視点で観ておきましょう。**そうしておけば、自分がイベントを担当する立場になった時、具体的なイメージがわきやすくなり、発想がしやすくなります。

現場を視る

「事件は現場で起きているんだ」という映画のセリフがありますが、**自分が関係する仕事の現場にはできるだけ足を運ぶ**ようにしましょう。写真や図面があっても、机上ではなかなかわかりづらいこともあります。例えば、福祉関係の仕事ならば、施設等を実際に見ておくことで、窓口での説明が具体的になります。

災害対応についても同じです。災害現場の様子を見ておくこと、現地の人から当時の様子を聞いておくことは、いざという時の備えになります。被災地支援やボランティア派遣等の機会をとらえ、自分の目で確かめておくことが大事だと思います。

memo

自分の目で見て、心のシャッターをきる

＼会う／

労を惜しまず、怖がらず

会いたい人には会いにいく

人に会うことは好きですか？

世の中には、「私は人が大好きなんです！」「初めての人と会う時はワクワクします！」などという人もいますが、**大半は「私は、人見知りでして」「知らない人と会うのは億劫で」という人**だと思います。私も後者のタイプです。30代の前半までは名刺交換もろくにしたことはなく、職場外の人と知り合うきっかけもありませんでした。

30代後半、研修担当となった私は、市町村アカデミーに自身の研修で行くことになりました。事前に「名刺を多めに準備しておくこと」と指示があり、初日にたくさんの受講生仲間と名刺交換をしました。いただいた名刺は、それぞれにわが町の魅力を伝える工夫がされており、圧倒されたことを覚えています。

人と会うことは自分を知ること

初めての市町村アカデミーは刺激の連続でした。毎晩のように、課題提出のための話し合いがチーム単位であり、遅くまで交流会があります。10日間の研修だったので、休日には、一緒に外出もしました。私は知らないことだらけで、「へぇ～」「はぁ～」「世の中には凄い人がいるんだなぁ～」と感心したり、反省したり。中には、素晴らしいコミュニケーション力で、誰とでも気軽に情報交換をしている人もいます。私は今でいうコミュ障状態で、ついていくのが精一杯でした。しかし、おかげで自分がどんなにものを知らないか、勉強が不足しているのかも身に染みてわかりました。その後、5年間ほどは、同窓会が開催されたので、他自治体の情報や仲間からの刺激をいただくためにあちこちを旅しました。

知らない人と会うことは、**自分が知らない情報を得る、新たな視点を得る、気づいていないことに気づかされる**きっかけになります。小心者には少々億劫ですが、意識して新しい人に会う機会をつくるようにしましょう。

憧れの人に会いにいく

私は「この人いいな、会いたいな」と思ったら、なるべく会いにいくようにしています。憧れるという感情は、今の自分にないものをもっている、あるいは、自分にできないことができている人に対してもつものですが、**「あんな風になりたい」「近づきたい」という感情も含まれていて、目指す先にいる人ともいえる**と思います。

実際に憧れの人にお会いしてお話を伺うと、グイグイやっているようでも実は地道に小さいことを積み重ねておられたり、まわりを上手に巻き込みながら一歩一歩進めておられたりと、その背景や苦労がよくわかって、「よし、自分もやってみよう」と勇気をもらうことができます。最近は、「公務員アワード」など活躍する公務員を紹介する場もあり、『なぜ、彼らは「お役所仕事」を変えられたのか？』（学陽書房）という本も出版されています。みんなが憧れる公務員に会ってみるのもおススメです。

「会いたい」と思った時が「会いどき」

読む

時間の許す限り本を読む

興味のあるものからで大丈夫！

多くの人は本を読まない

前著を出版した後、私はあることに気づきました。それは「多くの人は本を読まない」ということです。私の存在は知っていても、私の本のことは知らないという人が結構いて、本を読まない人には本の情報が入らないということがよくわかりました。

本を読む時間がない、本に使うお金がない、そもそも本が嫌い……、本を読まない理由はいろいろあると思いますが、役所の仕事に「文章を書く」ことは欠かせません。**書く力をつけるためにも日頃から良い文章に目を慣らしておくことは訓練になります。**

また、多様な人がそれぞれに時間をかけて経験した中から得たものを短時間で、しかも安価で学ぶことができる本を読まないのはもったいないと思います。1日10分～30分の読書でも、それを積み重ねている人とそうでない人には、数年で大きな差ができてしまいます。

本を書いてわかったこと

本は、書かれたものが読者の頭に入りやすいように、文章表現や表示が工夫され、わかりやすく編集されて出版されます。校正の段階で、編集者から、「この表現は読んだ人が誤解するのでは」「このエピソードでは意図が伝わらないかも」「ストーリーはこう展開した方が読者に届きやすいのでは」などのアドバイスがあり、何度も書き直しをします。実際に書いてみて、なるほど、本はこうやって丁寧に作られているのだということがわかり、ますます本が好きになりました。

人が一生のうちに経験できることは限られています。**自分の経験や考え方だけに凝り固まっていたら、多様化する社会では生きづらくなってしまいます。**他者が苦労して学び得たものから何かを吸収し、常に自分をアップデートしていく意識が未来の自分を助けてくれます。

美詠さんおススメの本

働く大人のための「学び」の教科書	中原淳	かんき出版
残業学	中原淳＋パーソナル総合研究所	光文社新書
ぼくらの仮説が世界をつくる	佐渡島庸平	ダイヤモンド社
ザッソウ 結果を出すチームの習慣	倉貫義人	日本能率協会マネジメントセンター
他者と働く	宇田川元一	ニューズピックス
あり方で生きる	大久保寛司	エッセンシャル出版社
場づくりの教科書	長田英史	芸術新聞社
リーダーシップの旅	野田智義 金井壽宏	光文社新書
自分の時間を取り戻そう	ちきりん	ダイヤモンド社
やりたいことがある人は未来食堂に来てください	小林せかい	祥伝社
あたりまえを疑う勇気	上松努 清水克衛	イースト・プレス

大人の学びの基本は読書

言葉にすることで得るモノ

自分の思いを言葉にする

話さないとわからない

自分が悩んでいること、考えていること、人に対して感じていること、伝えたいこと、それらは話してみないとわかりません。あとから「あの時、実はこう思っていた」と伝えた時に、「だったら言ってくれたら良かったのに」というのはよくあることで、思っているだけでは何も伝わりません。長年の親友や家族でさえ、**「たぶんこう思っているのだろうな」が実は全く違っていたりして、「言わなくてもわかるだろう」が誤解を招く**こともあります。とはいっても、実は、私はこの「話す」が苦手。一人っ子だからかもしれませんが、自分の中で完結させてしまい、「わかってくれない」と怒りを覚えがちなタイプです。

　多様性のある社会では、それぞれが思っていることや考えていることを伝えながらお互いに理解し合うことが大切です。相手にわかりやすく話すことを意識して心がけたいと思います。

話す、離す、放す

　私は実際にカウンセラーとして活動してはいませんが、産業カウンセラーの資格を持っています。そのための訓練で学んだことは、「話せると、離せるし、放せる」ということ。**誰かに話すことで、自分が抱え込んでいる課題が浮き彫りになり、自分から離れ、結果、手放していける**ということもあります。カウンセラーは傾聴をしながら、本人の気持ちを言葉にして返していきますが、それを聴いてあらためて自分の気持ちに気づくこと、客観的になれることもあります。

　愚痴を話すことも大事なことです。愚痴はなんらかの問題意識があるから出てくるものです。案外、愚痴を出し切ると、「そうは言ってもね〜」「だったらどうすればいい？」と課題解決のための思考が動き出したりもします。一人で考えていても同じところをグルグル回るばかりなので、人に話してみて、頭を整理することも必要です。

人前で話すことに慣れる

仲間内で話すのはいいけれど、人前で話すのは苦手で、という人は多いです。いろいろな役を引き受けたくないのも、それがネックになっている、というのもよく聞く話です。

結局、それは慣れしかありません。本を出したことで、人前で話をする機会をよくいただくようになった私ですが、いまだに緊張するし、事前の練習が欠かせません。あげく、本番では速くしゃべりすぎて時間が余る、言いたかったことを言い忘れるなんてこともよくありますが、さすがに場数を踏んだおかげで、以前よりはスムーズに話すことができるようになりました。

まずは、**小さな場で話すことから始める、上手い人の真似をしてみる、原稿をつくって練習しておく**、などを繰り返し、成功体験を積み上げていくしかありません。

memo

話すと理解が深まる、話さないと誤解が広がる

＼書く／

「書く」が力になる時代

自分の思いを可視化する

「書く」もコミュニケーション

書くことも大事なコミュニケーションの手段です。特に今は、ＳＮＳ等で誰でも発信することができるので、「話す」より「書く」方が得意な人は、どんどん書いて、自分の思いを伝えてみましょう。

私が本を書くきっかけになったのは、ある方から男女共同参画に関する記事を書くように頼まれたことでした。自分の考えを文字で表明するのには勇気が必要でしたが、その頃感じていたことを素直に書きました。すると、その記事を読んだ出版社からオファーがあり、本を書くことになりました。おかげで、たくさんの読者の方とのご縁が広がり、**あの時の依頼を断らなくて良かった**と思いました。

「書く」効果

書くことは人に伝えるだけでなく、自分の意見の見える化でもあります。特に悩んでいる時や考えがまとまらない時は、その気持ちや現状を文章にして書いてみるとよいです。

文章化して自分で読んでみると、なぜかしっくりこなかったり、自分本位になっている部分に気づいたりと、冷静になることができます。読みながら、もう一人の自分が「あぁ、悔しいと感じているんだな」「実は、不安な気持ちなんだな」「ここを解決したいと考えているんだな」と教えてくれて、頭が整理されることもあります。

悩んだり、考え込んだりした時は、ちょっとエッセイを書いてみる気分で、書き出してみてください。それは、文章として完成させなくても大丈夫です。**言葉として可視化されることで、意識がそこに向かい、良いアイデアや解決策が浮かんでくる**ものです。私は、よく、朝、シャワーを浴びている時に、フワッと良い考えが降りてきて（本当に降りてくる感覚です）、何度も助けられました。

「書く」技術の上達法

書く技術の上達法はとにかく書く、書く、書き続けることです。SNSなら、読んだ本や、観た映画の感想、体験した出来事の経過や味わった感情を書いてみると良いでしょう。「これから○○を受講します」「今、ここに来ています」「この本を読みます」で終わるのではなく、「講師の話からこんな気づきがありました」「初めて訪れた町でこんな体験をしました」「この本の面白さはこんなところです」などと意識して書くことを続けていたら必ず上達します。**大事なのは、飾らずに素直に書くこと、読む人の側から見て、読みたいと思ってもらえる文章を書くこと**です。

あとは良い文章をたくさん目にすることです。本を読むこともそうですし、SNSで「この人の文章はいいな、読みやすいな」と思う人を見つけて、その書き方の真似から始めてみることが上達のコツです。

人に伝える、自分と話すために、書く、書く、書く

\ 学ぶ /

「わからない」違和感を放置しない

気になったら掘り下げる

学ばないと悩むしかない

最近、仕事以外で講演を聞きにいったり、セミナーに参加したり、通信講座を受けたりしたことはありますか？　知らないことを知る、できないことができるようになると人は成長します。**気になったら掘り下げてみる、そんな学びの姿勢が自分をラクにしてくれます。**

私はよく自主的な学びの場を主催し、参加を募ります。結構悩んでいる人が多いので、その課題解決のために「学ぶことで悩みから抜け出して欲しい、気づいて行動して欲しい」という思いで企画しますが、「参加して欲しい、学んで欲しい」と思う人ほど参加してはくれません。結果、学びの成果を吸収する人とそうでない人との差は広がっていくばかりです。

「地方公務員オンラインサロン」という学び場

月1800円の会費で加入できるクローズなコミュニティがあります。業務時間外の勉強会のオンライン版で、現在、300人ほどが参加しています。月に2回くらい、Zoomを使ったオンラインセミナーがあり、首長や自治体職員、経営者、著名人の話を聴くことができ、登壇者とも会員同士でも直接話ができます。開催時間は、平日の夜21時から2時間ほどですが、リアルタイムで参加できなくても、後日、録画されたセミナーを観ることができます。

なんといってもこの良さは、**普段会えない人の話が聴けること、全国の自治体職員と交流ができること**です。「官民連携」「業務改善」「女子職員部」などの分科会もあり、興味がある話題は仲間と深く掘り下げることもできます。月に本1冊分位の金額で、質の高い知識や情報を得ることができ、悩みや課題が解決されることもあるので、お得です。最近は、オンラインの会議やセミナーが流行っていますが、費用、時間、場所の壁を越えられるこのしくみは今後ますます広がっていくと思います。

学びを活かす

学び好きな人の中には「学ぶことが好き」なのか、あちこちの勉強会に参加してはいるけれど、実際の行動はどうなの？　と感じてしまう残念な人もいます。私も少々その傾向があり反省を込めて書いていますが、**やはり学んだものを何かに活かすということが大事**です。そのためには、振り返りを行う、気づいたことを行動に移す、学んだことを人に伝えるなどのアウトプットが必要です。

特に、アサーションやファシリテーション、コーチング、アンガーマネジメントなど（横文字ばかりですね）のコミュニケーション系の学びは、学んだ翌日から実践あるのみ！　習ったワザやコツを活かして、職場のコミュニケーションを良好にし、働きやすい環境づくりに貢献しましょう。

振り返る、行動に移す、学び続ける

遊ぶ

得意技があるとおトク！

能動的な趣味を作ろう

仕事は楽しく、遊びは真剣に

昔の上司に「仕事は楽しく、遊びは真剣に」と教わりました。一見、逆のようですが、**遊びを真剣にすることで、仕事も楽しく回り出す**ような気がします。その上司は仕事にも熱い方でしたが、在職中から陶芸を趣味にされていて、退職後は自分の工房で定期的に自分の作品の展示販売会をされています。

私は若い頃、旅行が大好きで、友達とのツアーを企画する際は、宿の予約から観光コースの選定、集金、清算、旅のしおり・記念アルバム作成に至るまですべてを引き受け、真剣に取り組んでいました。とにかく友達を喜ばせたい一心で、当時、まだ一般的ではなかったパソコンを駆使し、業者さながらの企画書やパンフレットを作り上げていました。おかげで当時としては早めに、パソコン技術を習得することができました。

とことんやると化ける

『マツコの知らない世界』（ＴＢＳテレビ）という番組が大好きです。素人でもプロでも、とにかく自分自身が愛する「世界」を紹介する番組ですが、そこに知り合いの「ちゃんぽん番長」が出演した時は、本当にびっくりしました。ちゃんぽん番長（本名は林田真明さん）は、長崎県雲仙市の職員ですが、自分が住む小浜町のちゃんぽんが大好きで、毎日のように食べ歩き、地元の飲食店の協力を得て「ちゃんぽんマップ」を作成しました。それから、まちおこし祭典のＢ１グランプリに出場したりしてマスコミに取り上げられるようになり、あげくは彼をモデルにしたテレビドラマが製作されたりもしました。今ではたくさんの観光客がちゃんぽんを食べに小浜町に押し寄せています。最初はただただちゃんぽんが好きで始めたことで、１０８日連続で食べた記録も持っているそうですが、**遊び心を持ちながら真剣に取り組んだからこそ、まわりを巻き込み、大きな力になっていった**のだと思います。会うたびに元気をもらう素敵な公務員です。

とにかく好きを極める

自分の好きを楽しく極めればなんでもいいのです。私は食べることが大好きなので、地元で食べ歩きをしては写真をSNSでアップしています。「#痩せられないまち諫早　#美詠シュラン三ツ星」などのハッシュタグをつけて発信すると、わざわざ遠いところから諫早地域の美味しいものを食べに来てくださいます。「食べにいったよ！美味しかった！」と喜ばれたり、お店の方に感謝されたりすると嬉しくなります。

今は、アニメやマンガなどの趣味がまちの活性化につながることもあるので、それに詳しい人になっておくと、仕事に結びつく可能性だってあります。

人生100年と言われる時代、たくさん遊んでいろいろな経験をして、豊かな人生を過ごしたいものです。

memo

遊びは真剣に、とことん、好きを極める

誘いにのってみる

いろいろな集まりに積極的に参加しているように見える私ですが、実は、自分から人を誘うことは苦手です。一人っ子のせいかもしれませんが、他人に対して能動的に攻めることはあまり得意ではありません。そういう人は無理して人を誘わなくても大丈夫です。**誘われたらできるだけのっかることから始めてみましょう。**

私がまちおこしのために参加している「諫早もりあげガールズ」は異業種、異年齢の女性グループですが、初めから友達同士だったわけではありません。ある方から声がかかり、それぞれが「私でよければ」と集い、仲間になりました。最初はお互いの考え方や仕事の運び方の違いに戸惑ったのですが、「諫早を元気にしたい」という思いを共有し、活動をともにしながら、じわじわと仲良くなっていきました。

みんなちがって、みんないい

諫早もりあげガールズの良さは「違い」です。会議は「なるほど、そんな考えもあるね」「それいいね」「そこは気づかなかった」「やってみようか」「どうすればできるかな」「そこは任せる、私はこれをやっとくね」と、基本的に**「否定や断定はなし」「のっかりOK」な対話で盛り上がりながら、やったことがないことにチャレンジ**していきます。本業と違ってボランティア活動なので、自由だからということもありますが、安全、安心な対話の場があれば、アイデアのかけ合いが生まれ、一人ではできないようなことが実現できるという貴重な体験ができました。

職場の対話もそんな進め方ができたらよいですよね。できれば修行と思って、多様な人が集まる場に積極的に参加して、異なるA案とB案から新しいC案を生み出す、そんな経験を積んでおくとよいと思います。対話のチカラは無限です。

居心地の悪い場にあえて身を置く

初めての場所や、知らない人が集まる場面は、居心地が悪く、緊張します。人見知りにとっては特にそうです。でも、あえてそんな場に自分を置くことを時々やってみましょう。必ず新たな発見や気づきがあります。できればちょっと背伸びするくらいの集まりがよいと思います。自分の狭い考えや、浅い経験に落ち込んだり、技術や情報に遅れていることを自覚したり、逆に自分の良さに気づいたりすることもあるかもしれません。

いつも同じメンバーと集い、居心地のよいぬるま湯につかっていると、いつかゆで上がってしまうかもしれません(ゆでガエル理論)。**同質性の高い組織にいる私達だからこそ、あえて慣れない場面に自分を置いて、自分をアップデートさせる**ことを意識しましょう。

memo

多様な人たちと集まり、自分の新たな可能性をひらく

＼泣く／

たくさんの失敗と感動を！

今日のやらかしは明日の力

若い時の苦労

買ってでもせよと言われる若い時の苦労ですが、苦労をしている最中はなかなかそう思えないものです。でも、振り返ると「あの時、苦労したから今がある」と思えることも多く、過去の苦労に感謝することもあります。

「涙の数だけ強くなれるよ」で始まる歌もありますが、人は、泣くほどの苦労をすると、成長します。苦労を乗り越える過程では、自分一人でもがいて切り開く場合もあるし、人の助けを借りることもあります。無事に乗り越えられれば力がつきますし、たとえ失敗したとしても、経験値は上がります。「人生無駄な経験は何一つない」と言いますが、泣くほどの苦労を重ねている人ほど、**解決策や頼れる人脈をたくさん持っ**

ていて、いざという時に冷静に行動できます。

寄り添う力を育てる

それと、**泣くほどの経験は共感力も育ててくれます。**自分が経験したようなことで、今、同じ状況にある人がいたら、「大丈夫？　手伝うよ」と共感的に声をかけることもできるし、「こうやったらいいかもよ」と提案をすることもできます。自分が苦しい時に人からかけられた言葉を有り難いと思った経験があれば、同じようにフォローすればいいし、逆に、反面教師で、言われたことに傷ついた経験があれば、違うセリフが思い浮かぶはずです。辛い時だけじゃなく、ほかの人の嬉しいことに「よかったね、すごいね」と共感できる力も、自分が泣くほど嬉しい体験をしたからこそ育まれます。

私の知り合いには、大きな病気をした、大事な人を亡くしたなど、涙も枯れるような経験をした人がいますが、そういう人ほど他人の心の痛みにも敏感で、優しくて強い人だなと感じます。

心をゆさぶる

泣くほど喜ぶ、怒る、哀しむ、楽しむということは実は大事なことです。この業界は感情をあまり表現できない雰囲気があり、特に女性は、「感情的だと思われたくない」という刷り込みもあって、喜怒哀楽をわかりやすく表すことにブレーキをかけてしまうこともあります。でも、そんな風に感情を封じ込めてしまうと、表情も硬くなるし、**自分だけでなく、他人の心の痛みにも鈍感になってしまいます。**時には、思いっきり笑ったり、泣いたり、自分の感情を揺さぶることを意識してやってみましょう。

悔しくて流す悔し涙、震えるほどの怒りを含んだ涙も無理に我慢したりせず、いつかそれを嬉しい涙に変えたいと思い、パワーにすることも大事なことです。

今の失敗は、未来の自分を助けてくれます。若い時は、あまり失敗を恐れず、少々やらかしておくくらいでちょうどいいいと思います。

泣きたくなったら我慢しないで、思う存分涙を流して泣く

30〜40代は「人間力」を育てよう

後半戦のためにできること

30代から40代にかけては、職場では頼りにされがちだけど、役職者でもないし、後輩にどう接してよいのかわからない。仕事もまわりも見えてはきたけれど、実力が身についたかと言われると自信がない。若さは確実に失われ、独身だとこのままでよいのかと不安がよぎり、既婚だと日々の生活に追われ余裕がない。いろいろなことが重なってどれも中途半端になり、イライラしたり、気分が沈んだりすることもあります。

でも、**そこを乗り越えると意外と後半戦は楽しいのです。**それまでの経験や人脈を活かせる人間力を育てておくことで、仕事も人生も楽しくなります。今のうちに、未来の自分を想像し、できる準備を始めておきましょう。

将来、なりたい自分になるための準備を始める

公務員女子「　　　　」やるべきことベスト10

1	対話	雑談でちょっとした思いを聴く・話す！
2	提案	提案はあなたのため、誰かのため
3	企画	「不」から考えることが幸せに通じる
4	応援	よきフォロワーになることから始めよう
5	発信	伝わらなければないのと同じ
6	記録	自分を助ける、人を喜ばせる記録
7	挑戦	いくつになっても挑戦をあきらめない
8	交流	交流は自分の魅力に気づくきっかけ
9	行動	一人の力は微力でも無力ではない
10	貢献	自分にできることで社会の役に立つ

\ 対話 /

愚痴から始まってOK！

まずは雑談で「傾聴」&「質問」

対話のチカラ

今は、情報を得たい、詳しい事情を聴きたい、アイデアが欲しいなどと思うと「ちょっとしゃべってみようか」「ちょっとしゃべってくるね」と対話したがる私。でも、若い頃は、話すのがあまり得意ではなかったし、一人でウジウジと考えていました。

対話の良さは、なんといってもお互いの理解が進むこと。**意見だけでなく、その意見を導いた背景やプロセスを聴き合い、「なるほど、だからか」と理解し合い、「だったら、こうすればいいかもね」という提案ができるようになること**です。こんなこと若い時に知っておけばもっとラクに生きられたのになぁ～と後悔しています。

対話のコツ

対話のコツは「傾聴」と「質問」です。相手の話に興味を持って反応し、相手が話しやすいような質問を投げかけることです。**「うんうん」「なるほど」「それで、それで？」と相槌を入れる。「というと？」「どんな感じ？」「具体的には？」とオープンな質問で自由に話してもらう。「いつ？　どこ？」「どれくらい？」「いくら？」とクローズな質問で明確にする。**そんな手法で聴いていくと、人はいくらでも話をしてくれます。「人と話すのは苦手で」という人は、自分から話さなくても大丈夫です。ぜひこの対話の武器を手に入れてください。

そうやって十分に聴いてあげると、多くの人は「自分の話ばかりですみません、今度はあなたの話を聴かせてください」となります。もしそうならなかったら、傾聴ボランティアになるか、対話をあきらめるしかありませんが……。

愚痴から生まれる提案もある

愚痴で始まる対話もありますが、対話をしているうちに愚痴が貴重なアイデアに変わることもあります。
例えば、みんなが不満を持っているあるイベントがありました。10年続いたイベントでしたが、企画がマンネリ、参加者が限られている、雨の日の対策が不十分、職員の負担が重い……などの愚痴が出てくる、出てくる。思い切って、それらを出し切った後、「だったら、どうする？　やる？」と対話を続けると、「そもそもなんのためにやるのか」が見えてきました。そうしたら「どうしたらできるか」に方向が変わり、「こうしたらどうだろう」というアイデアも出て、みんなが動き始めました。結果、翌年にはガラッと企画が変わり、会場の変更により雨天の心配もなくなりました。参加者は5倍に、職員の負担も大きく削減され、誰からも喜ばれるイベントに生まれ変わりました。**まずは愚痴でもいい**のです。メンバーそれぞれの思いを聴き、背景を知り、意見を出し合うことが大事です。

memo

あなたの話を聴き対話（ダジャレかよ…〈笑〉）

＼提案／

baby step で考えよう

小さな一歩から始める

気づいたら考える

働いていると「これどうして？」と思うことがあります。新しい職場に異動した時は特にそうです。「この備品はなぜこの場所に置いてあるのだろう？」「この文書を自分がもらったらどう感じるだろう？」「定例のミーティングがないのはなぜ？」……。気づいたら**その理由を考えましょう。**考えた結果、「この備品はあっちに置いた方が便利」「文書はこう表現した方がわかりやすい」「係内だけでもミーティングを始めたらどうか」と思ったら、**提案してみましょう。**新人だし、新米係長だから、と遠慮する必要はありません。在課年数が長くなると、それが当たり前になって気づかなくなります。新参者の意見は貴重です。「これっておかしいですよね」と批判して終わりではなく、素直に「こうしたらどうでしょうか？」と提案型で伝えてみましょう。

お金がなくてもできることはある

私は障害福祉課に異動してきた時、「手話がわかるようになったらいいな」と思いました。手話ボランティアを養成するための講座はありますが、毎週のように夜の時間に参加するのは難しそうです。そこで、毎朝5分間のワンポイント手話講座を職員全員参加で実施することを提案しました。手話通訳者の方に、窓口でよく使うような手話を一文ずつ教えてもらうのです。まずは「おはようございます」「こんにちは」の挨拶から始めて、みんなで一つずつ単語や指文字を覚えていきました。**毎日5分程度の練習ですが、継続は力、半年もすると、課の職員全員が簡単な会話ができるまでに上達**しました。

予算0円のこの取組は地元の新聞でも取り上げられ、他市にも広がっていきました。何より聴覚に障害のある方々が喜んでくださったのが、嬉しいことでした。

まずは小さな一歩から

大げさに考えなくても大丈夫です。例えば、照明のスイッチに「南側」「課長席上」などとわかりやすく表示をする程度のものでも、あなたの提案で誰かがラクになれば立派な改善です。

引継ぎの時、手順がよくわからなくて困ったら、わかりやすいマニュアル作りについて提案してみる。窓口業務に不安がある時は「勉強会をしてもらえませんか」と声をあげてみる。残業が一部の人に偏っていたら「みんなで分担することはできませんか？」と話をしてみる。

もしそれで「余計なことは言わなくていい」「ずっとこの方法でうまくいっている」などのマイナスの反応が返ってきたら、**一人でできる提案を地道にやっていくこと**です。いつかあなたのその姿勢に影響される人、応援してくれる人が出てきます。

あなたの建設的な提案がまわりにプラスの影響を与える

「不」を解消する提案とは？

企画は好きですか？

「企画的な仕事はしたことがないので」「発想力なんてありませんし」「窓口の経験しかなくて」などと、企画を苦手と感じる人はいると思います。私も、初めて企画部門に異動した時は、「企画とかできないのにどうしよう」と不安に感じていました。

私が企画を好きになったのは、男女共同参画課で女性の再就職支援の仕事をしていた時です。**きっかけは、パートさんの「再就職したいけれどパソコンができない、習いたいけれどお金がかかるのは困る」というつぶやき**でした。それを聞いた私は、超初心者向けパソコン講座付きの「再就職支援セミナー」を企画することにしました。

私には専業主婦の経験がないので、開催の時期や時間、講座内容などはパートさんたちの意見を十分に聴き、「こんなセミナーが欲しかった」と言われるものに仕立てました。結果、定員の5倍の応募があり、実際に再就職につながった人もいて、自分の企画が誰かの役に立った経験が企画への苦手意識を払拭してくれました。

企画は「不」から考える

不満、不便、不足、不快、不安……。企画は、これらの「不」を解消するために何が必要か、どうすればよいかを考えるところから始まります。

例えば、この本は、働くことに不安や不満を抱える公務員女子に対して、先輩として何を伝えればよいか、どうすれば不安が安心に変わるのかを考え、企画しています。ゴールは、「不」の解消であり、そのために読者が何か一つでも具体的な行動を始めることです。私の役割は、読者に「まずはこれからやってみよう」と一歩踏み出してもらえるような事例や考え方を紹介することです。

企画とは、「不」をもたらしている課題を解消し、誰かを幸せにすることです。役所の仕事は市民の「不」を解消し幸せにする仕事ですから、すべてが企画といってもよいと思います。まずは今ある「不」に気づくことからです。

企画に自分らしさを込める

何かを企画した時、「これはあなたらしい企画ですね」と言われると嬉しいものです。さらに「あなただからこそできた企画だね」と言われると最高ですが、誰も気づかないほどの小さな〝自分らしさ〟が込められているのも楽しいことです。

自分らしさとは、自分の視点や思いです。「これ私、嫌だな」「理不尽だよね」「なんとかならないかな」とわいてきた疑問やザワザワ感です。それらを見過ごさず、「どうすれば解決できるかな」「どうなれば幸せかな」と考え、企画を練ることです。

大げさなものでなくても大丈夫です。例えば、課の歓送迎会にサプライズを仕込む、みんなが楽しめるようなゲームをするというのも立派な企画です。自分も含め、誰かを幸せにしようという気持ちが企画のスタートなのです。

自分がやって楽しいと感じる企画から始める

＼応援／

前向きに
みんなで
成長する

人を応援すると自分も頑張れる

励ます、背中を押す

何かをやろうと思った時、「それいいね！」「やったらいいよ！」と応援してくれる人がいると、「よしやろう」という気持ちになれます。何かを始めよう、変えようとする時は前向きな気持ちと「大丈夫かな」という不安も抱えています。そこで**「あなたならできる」「頑張って！　応援しているよ」と言われると、前に進む勇気**がわいてくるものです。

私が1冊目の本を書こうか迷っていた時、ある人が「本の影響力は大きい。あなたなら書ける、絶対書いた方がいい！」と励ましてくれました。ほかにも「それいい！早く読みたい」「絶対いい本になる、楽しみ！」と言ってくれる人がいました。途中、何度かくじけそうになっても、書き進めることができたのは、応援してくれたその人たちのおかげです。

自分にできる応援をする

応援のカタチは様々です。役所内なら、繁忙期の人に「頑張っているね」「大変だね」「あと少しだね」と声をかける。昇任して緊張している人に「大丈夫、あなたならいい係長になるよ」と励ます。会計検査の準備でバタバタしている人にそっと缶コーヒーを差し出す。他課の職員を、「広報紙見たよ、素敵なイベントを企画したね」と褒める。改善に取り組む人に、知恵を貸す、情報を送る、なんでも応援です。**人は頑張っていることを見てくれている人がいると思えると、さらに頑張れるもの**です。遠慮せずに積極的に働きかけましょう。

お店なら、積極的にその商品を買う、食べにいく、人に紹介する、ＳＮＳで拡散するという応援の方法があります。「こんな商品があったらありがたいなぁ」と提案することで商品開発の後押しをすることもできます。

成功を一緒に喜ぶ

応援した人が成功した時は、一緒に喜ぶことです。「よかったね」「すごいね」「私も嬉しいよ」と素直に表現します。「申告の受付、きつかったね」「選挙、何事もなくてよかった、お疲れ様でした」など、相手を労う気持ちを伝えます。

逆にうまくいかなかった時も「よく頑張ったね」「結果は残念だったけれど、やろうと思ったことがすごい」など、相手に寄り添う気持ちを伝えます。

大事なことは人に関心を持つこと、それを伝えることです。「すごいなぁ～」「よくやったなぁ～」「惜しいな」と思っていても、それが相手に伝わらなければ、無関心なのと同じです。一番ダメなことは、気づいても伝えないこと、相手に働きかけないことです。人を応援する気持ちがある人、それを行動に移している人は、いつか応援される人になります。挑戦する人を応援する雰囲気が、次の挑戦者を育てるのです。

memo

「頑張れ」と思う気持ちが、自分の頑張りの応援になる

＼発信／

進化、深化、真価！

情報は発信する人に集まる

発信していますか？

ＳＮＳやブログなど何か発信するツールを持っていますか？　「人の投稿は見ているけれど、自分の発信はあまりしない」という人が多いようです。全く経験したことがない人もいるし、やっていたけれど疲れて止めてしまったという人もいます。仕事柄、あまりプライベートな発信はしたくないという気持ちもあるでしょうし、そんな時間がないという人もいるでしょう。確かに、ハマり過ぎるとかなりの時間とエネルギーをとられてしまいますので、加減は必要です。

私はＦａｃｅｂｏｏｋとＩｎｓｔａｇｒａｍをやっています。目的によって使い分けをしていますが、どちらも**情報収集には欠かせないツール**です。情報は発信する人に集まってくるからです。

発信すればするほど集まる情報

発信すれば、それをキャッチしてくれる人が出てきます。たとえどんなによいことを思いついても、素晴らしい活動をしていても、それが伝わらなければないのと同じです。**あなたの発信が誰かに届けば、「一緒にやろう」という仲間が増えるかもしれないし、「もっといい方法があるよ」とアドバイスをもらえるかも**しれません。

私のＩｎｓｔａｇｒａｍは諫早市の魅力発信用に使っています。「諫早でランチを食べるならどのお店？」「諫早の観光スポットはどこ？」と検索されています。「美詠さんのインスタを見てきました」と言われたらお店の人にも喜んでもらえますし、私も嬉しくなります。逆に「諫早に新しいお店ができましたけれど、もう行きました？」と情報をもらうこともあります。

Ｆａｃｅｂｏｏｋでは、諫早情報以外にも、私個人の活動やシコウ（嗜好、思考、志向）を発信しています。たくさんの人とつながるようになれば、情報を届けられる範囲が広がり、受け取る情報も増えます。多くの人との情報交換により多様な価値観に触れることもできます。

言語化がもたらすもの

発信するためには、言語化しなければなりません。**何かの出来事を通して自分が感じたこと、ある経験を経て自分が考えたこと、言語化によりそれらは明確になります。書きながら内省することもあるし、俯瞰して見られるようになることもあります。**何よりよいことは、文章を書く力が確実に向上することです。人から「こんな考え方もあるんじゃない?」「あんな方法をやっている人もいるよ」と反応してもらうことで前進することもあります。いいね! という評価をもらうことで自己肯定感を育むこともできます。発信することのデメリットはゼロではありませんが、「存在を知られていること」のメリットは大きいと思います。

memo

情報発信により自分をシンカ(進化、深化、真価)させる

記録

メモや記録のクセづけを！

未来に役立つ「遺言」を

未来の自分のための注意書き

失敗や後悔をしても、時間が経つと忘れてしまいます。次回も同じ失敗を繰り返すことがないように、メモや記録を残しておきましょう。例えば、発送した文書に「発送時期が遅い、説明がよくわからない」という納得できる苦情をもらったとします。どうすれば、次回、特に、年に1回しか処理しないようなことで、そのミスを繰り返さない工夫ができるでしょうか。私だったら、**1年後の自分に注意書きを残します。**まず文書のデータに「発送を早めに、説明をわかりやすく」など、朱書きでコメントを書き込みます。そして手帳の年末のところに付箋紙で自分あてのメッセージを書いておきます。1年先の手帳は手元にないことが多いからです。翌年の手帳が準備できたら転記して早めに取り掛かります。〝スケジュールはスマホで管理〟という人は即入力すればいいですね。

後任者への遺書

計画の策定や審議会委員の改選など、数年置きに巡ってくる仕事は、次も自分が担当することはまれです。なので、**後任者が必ず手にする起案文書や資料に「ここは要注意！」「事前に〇〇へ連絡を」等のコメントを遺書のつもりで残しておきます。**特に失敗したことは詳しく書いておきます。「前任者にあれほど言っておいたのに」というような事故を防ぐことができます。数年後、自分は育児や介護で休職しているかもしれないし、どこかに派遣されているかもしれません。後任者が聞きたくても聞けない状況だったら困るし、そもそも、数年前のことを聞かれても覚えていないことが多いと思います。条例や規則の改正についても「こういう事情があってここをこうした」という経過が書いてあれば、後任者が調べる手間を省くことができます。

記録で誰かの役に立つ

私は、男女共同参画や生涯学習、職員研修の仕事をしていた頃、講演会や研修会で聞いた話はメモに残すようにしていました。参加できなかった人にシェアすることもできますし、後任者にとっては貴重な資料となります。今は、講演会の情報などすぐに検索ができるので、他団体から問い合わせがあることもあります。そんな時に「こんな話でしたよ」とメモを送ってあげるととても喜ばれます。

私も、他自治体の事務改善の成果や検討経過の記録をいただき、それを業務に活かしたことは何度もあります。**自治体は企業と違い、真似をされても損にはならないし、お互い様です。**真似をされるくらいの取組ができれば、喜ばしいことです。それらの資料を惜しげもなくくださった自治体には好印象を持ちますし、「○○市の成果を活かした」となれば、他自治体のＰＲにもなります。

memo

記憶に頼らず、記録に残す

＼挑戦／

ちょっと
力不足を
感じても

とにかくチャレンジしてみる

「できない」と言わず「できる」と言ってみる

最近、何かに挑戦していますか？　私の最大の挑戦は、1冊目の本の出版でした。ある日突然「本を書いてもらえませんか」というオファーがあった時は、「とんでもない、無理です」と断るつもりでした。だって、忙しいし、たいした実績もないし、恥ずかしいし、そもそも本1冊分の文章なんて書いたことがありません。**できない理由は山ほど浮かんできます**。でも、出版社の担当の方の思いを聴き、励ましてくれる仲間から背中を押され、思い切って書くことにしました。最初は不安でいっぱいだったので、ご縁のある女性公務員に「どんなことで困っている？　どんな本を読みたい？」と聞くことから始めました。すると、お願いした人がさらに自分の知り合いに伝え、情報を収集してくださって、たくさんのエピソードや書きたい材料が集まりました。

コッコッカッコッ〜コッコッ積み上げることが勝つコッ〜

集まった材料を仕分けし、章立てや項目並べをして目次が決まると、あとは書き続けるしかありません。原稿は全部で7万字程度ですが、それまでは1600字程度の記事を6回書いたという経験しかありません。項目は全部で50個、1項目あたりは1300字程度です。日々の仕事や活動をしながらなので、書くことに長い時間を充てることはできません。そこで「残業や会合、宴会で遅くなる日を除いて、1日に1項目だけ書くことにしよう」と決めました。1日に2〜3時間です。書く順番も、目次どおりではなく「今日はこれが書けそうだ」と思う項目から書きました。**勝つ（書き上げる）方法は一つだけ、あきらめずにコツコツ書くことしかない**のです。

書いたものがある程度たまると、編集者に送り、意見やアドバイスを仰ぎました。すると「このエピソードだと伝わりにくいので、変更した方がよいのでは？」とか「順番を変えた方が整理できるのでは？」と返事がきます。それらにまた一つ一つ手を入れて、コツコツ、コツコツ、約2カ月で書き上げました。

挑戦の先にあったもの

それから本の発売まで、初校正、再校正、念校と段階を踏みながら、作業は進んでいきました。おかげで私の文章を書く力は各段にアップしました。最初は「無理だ」と思った7万字でしたが、最後は「もう少し書けるかも」と思えるほどになっていました。編集者のアドバイスのおかげで、読みやすくわかりやすい文章を速く書くことにも慣れました。つくづくありがたいチャンスだったと思います。

おかげさまで多くの方に喜んでいただき、こうして2冊目にも挑戦しているのですが、「できる」と思えば、なんとかなる、なんとかするのだということを実感しました。「できません」ではなく「どうしたらできるかな」と考える。**力不足だと思っても、挑戦することで、力がつく。挑戦は成長のチャンスなのです。**

memo

やったことがないからやってみる。その先には成長が待っている

＼交流／

インプット・アウトプット両方できる

異文化に触れて理解を深める

互いに行き来する

「交流」とは、異なる地域、組織、系統に属する人やモノが互いに行き来することです。**お互いの考え方や習慣、ルールが違うので、まずはやり取りや行き来をして、理解を深めること**から始まります。

諫早市は友好交流都市である岡山県津山市と島根県出雲市との人事交流を行っています。派遣期間は1年間で、ある年は、出雲市の職員を受け入れ、諫早市の職員を津山市に派遣する、といった流れで、行き来をしています。派遣終了後もそれぞれ交流を深めています。私は派遣の経験はありませんが、20年前に諫早市に派遣された津山市職員と今も交流を続けていて、情報交換を行っています。

交流の仕方はいろいろ

交流の良さは、お互いの違いを知るということです。様々な制度、システムやしくみの違い、まちの魅力や強みを知り、あらためて自分のまちの良し悪しに気づかされます。わからないことはすぐ聞ける関係性も長年の交流がもたらしてくれたものです。

このほかにも、県や国、他団体への派遣や出向を行っている自治体は多いです。大規模災害時には被災地への派遣もあります。もしそんなチャンスがふってきたら、できるだけチャレンジした方がいいと思います。

そういった公式なものではなく、最近は、自主的な交流も盛んにおこなわれています。例えば東北まちづくりオフサイトミーティング(以下「OM」)のようなネットワークがあり、各地で交流会が開催されています。私は九州OMに属し、年に数回、九州各県で開催される交流会に参加しています。

ほかにも各自治体の自主勉強会の連携みたいなものもあり、ほとんど参加資格や条件もないので、自分の市町からたった一人で参加することも可能です。スポーツや文化活動による交流も行われているので、ぜひ自分の興味に照らし合わせてとびこんでみてください。

交流によるシティープロモーション効果

九州OMの交流会で、他の自治体を訪れると、必ずそのまちのことが好きになります。「このお菓子はこんな人が作っていてね」「この風景は地元のボランティアの人が守っているんですよ」「この施設はこんな経緯で建てられました」など、個人で訪問しただけではわからない、歴史や文化、住む人の物語を聴くことができるからです。

そんな交流会のご縁もあり、諫早市にもたくさんの方が訪れてくれました。そして、「諫早は素晴らしいまちです」「諫早には素敵な人がいます」などとSNS等で発信してくれました。おかげで情報が拡散し、「面白そう」「美味しそう」「一度行ってみたい」と思ってくれた人が「九州方面に行くので諫早に寄ります」とわざわざ遠回りしてまで来てくれるようになりました。**予算0円の効果的なシティープロモーション**です。

memo

交流で視野を広げる、交流で情報が広まる

＼行動／

結果は
あとから
わかること

まずは口に出して動いてみる

まずは口に出してみる

なんでこんなことが起こるのだろう、このままでいいのかな、どうにかならないかなと思ったら、まずは口に出してみることです。自分の中でモヤモヤしているだけじゃなく、言語化する。そうすることによって、**解決策が明確になってくるものもあるし、賛同してくれる仲間を見つけることもできます。**

ある時、別の課の課長が「最近、全庁的にあれ？　大丈夫？　と感じるミスが多い気がする。どうしてだろう？」とつぶやきました。「そうだね、少し掘り下げてみる？」と管理職数名でランチをしながら対話をすることにしました。最初の頃は、お互いの愚痴の出し合いみたいなものでしたが、対話を重ねるごとに「それってなんで発生するのかな」「どこに原因があるのかな」と考えるようになりました。

動いてみる

そのうち、「引継ぎがうまくいっていないから、ミスが起こるのかもね」「そもそも引継書って個人によってクオリティに差があるよね」「これはわかりやすい！　という引継書はどんなものだろう」という話題が出てきました。そこで、自主活動グループのメーリングリストを使って、「今までもらって嬉しかった引継書ありませんか？」「いい引継書があったらください」と声をかけました。すると、「民間からさましたが、役所の引継ぎのしくみは疑問がありました」と工夫をこらした引継書を渋ってくれる人もいて、いくつかのよい事例が集まりました。今は、その事例を参考に統一の様式をつくって、試行的なしくみを検討しているところです。ほかにも、「使えるエクセルのワザ」「わかりにくい文書の改善例」など、身近な課題から取り組んでいます。**愚痴を愚痴で終わらせず、「だったら、何ができる？」と考えて行動することが大事なこと**だと思います。

行動を伴わない決意はしないのと同じ

『希望をはこぶ人』（アンディ・アンドルーズ、ダイヤモンド社）にこんなことが書いてあります。「5羽のカモメが防波堤にとまっている、そのうちの1羽が飛び立つことを決意した、残っているのは何羽？」。答えは4羽ではなく、5羽です。飛び立とうと決意をすることと、実際に飛び立つことは別だからです。何かをしようと決意した人と、そんなことを考えてもいない人とは外から見たらなんの違いもありません。

「〇〇しようと思っていたけれどできなかった」と「しなかった」ことは同じです。よく「上が悪い」「他課が悪い」、あげくは「うちの役所はおかしい」などと批判する人は多いですが、だったら自分にできることはなんだろう？　と行動している人は少ないです。**上にならなくても、異動しなくても、今の自分にできることをする。**そうやって実践していれば、いつか仕事としてできるチャンスが巡ってくるかもしれません。

memo

評論家から実践家へ

＼貢献／

社会のためは自分のため

誰かのために力を尽くすと

学びの成果を活かして貢献する

諫早市の自主活動グループ「おこしの会」は、年に1回、長崎県立大学の「公務の行政の実務と実践」という授業を受け持っています。公務員を志望する学生も多いので、対話型自治体経営シミュレーションゲーム（SIMULATION諫早20XX）をしながら、公務員の仕事について伝えています。同様に、諫早市の新規採用職員研修においても、同じゲームを活用して、未来を見据えた事業の選択、説明責任、対話の重要性等について研修を行っています。

ほかにも「クロスロード」という災害対応カードゲームを使って、公民館講座を受け持つこともあります。私個人は、ホワイトボード・ミーティング®の認定講師資格を活かして、「気軽な勉強会」という学び合いの場をつくっています。**どれも「社会がよくなれば」という思いを持って、**ボランティアで行っています。

自分にできることで貢献する

「社会貢献」といった大げさなことでなくても構いません。**自分にできることで誰かの役に立てれば**いいのです。地域の伝統芸能の担い手になる、学童保育運営のお手伝いをする、社会体育の指導者になる、ＰＴＡの会長を引き受ける、いろいろな貢献があります。

私は、諫早もりあげガールズというグループで事務局長兼会計係をやっています。役所の職員にとって、収支決算や企画書等の書類をつくることは簡単なことです。イベントのプレスリリースの扱いも慣れているし、補助金申請だってお手のものです。自分の得意技で誰かのお役に立てるのなら嬉しいことです。

特に最近は、町内会、自治会など地域を支える人材が不足しています。役所の職員の場合は、それらの活動に関わることで見えてくるものもあります。「市民協働はまず自ら」という気持ちで何かに力を尽くしてみましょう。

貢献の先にあるもの

「プロボノ」という言葉があります。ラテン語で「公共善のために」を意味するPro bono publicoの略で、自分が持っている職業上の知識やスキルを活かして貢献するボランティア活動のことだそうです。公務員は、この「職業を活かした」活動がやりやすい職業だと思います。私は以前、男女共同参画の仕事に携っていた流れで、それに関するボランティア活動をやっています。異動後も、中高生の間で起こる「デートDV」に課題を感じ、「デートDV防止講座」実施のための支援を行いました。最近は、職場の人間関係で悩んでいる人も多いので、コミュニケーションやリーダーシップに関する学びの場の運営を続けています。それらは、**困っている誰かのために行っていますが、人のお役に立てる喜びは、私の生きる力にもなっています。**

memo

貢献は誰かのためであり、自分のため

なりたくない人ってどんな人？

さて、ここまで各世代での「ベスト10」を見て来ましたが、結局はあなたが「どんな人」になりたいか、です。「なりたい人ってどんな人？」と聞かれてもピンとこないかもしれませんが、「なりたくない人」ならばすぐに浮かぶと思います。例えば、話を聴かない人、無責任な人、後ろ向きな人、頼りにならない人……、たぶんたくさん出てくるでしょう。その**「ああはなりたくないな」という気づきはとても大切で、その反対が「なりたい人」ということ**になります。ロールモデルがいないと嘆くのではなく、自分が自分のロールモデルになる、自分がなりたい自分でいればいいのです。

なりたい姿から自分をひっぱり上げる

私がなりたいのは、まわりにプラスの影響を与える人です。具体的には、①積極的に行動を起こす人、②考えを提供する人、③建設的な発言をする人、④笑顔と元気をふりまく人、⑤相手と同じように自分も大切にする人。これは、我が家の机の前に見えるように貼っています。とはいっても、現実には、消極的だったり、笑顔を忘れてしまったりすることもあります。だから、時々それを見て、「そうだった、私がなりたいのはそんな人だ」と思い直すようにしています。**なりたい自分を描いて、そこまで自分をひっぱりあげるイメージ**です。

例えば、「こんな係長になりたい」「理想の課長はこう」と決めたら、あとは、それになりきって演じることです。そのためには衣装（スーツや靴）の準備や担当業務の勉強、凛とした声を出す練習も必要かもしれません。最初は恥ずかしかったりもしますが、演じているうちに板についてくるものです。

人生100年時代のなりたい自分

20代、30代の頃は、先のことはあまり考えておらず、40代前半までは仕事と家族のことで忙しく、これから先どうなりたいかなんて正直、考えていませんでした。50歳になった時、**「定年まであと10年、自分にできること、自分がやりたいことってなんだろう」と考え**、浮かんできたテーマが「女性」でした。そこから「女性のパワーと持ち味を活かせる場づくりがしたい」と思い、活動を始めました。本を書いたのもその一環です。定年後にやりたいことについて具体的には決めていませんが、おそらく、地域で、もっともっと女性を活かせるような活動を続けていくと思います。

福祉、教育、環境、人づくり、人によって取り組みたいテーマは違うと思いますが、公務員としての経験が定年後のライフワークとして活かされたら幸せだと思います。

memo

誰かにではなく、なりたい自分になる

どうする？キャリアプラン！

結局、今、何を考えるべきなの？

キャリアプランってどう考えればいい？

たまに、「私はこれをやりたいから公務員になった！」という人もいますが、漠然と「人の役に立ちたい」と思ったからという人が多いと思います。中には、「民間だと家庭との両立が難しそう」「なんといっても安定が魅力」と思って公務員を志望した人もいるでしょう。

キャリアプランとは、**「将来どんな仕事をしていきますか？　そのためにどんな行動をしていきますか」ということ**です。公務員の場合は、異動もあるし、やりたい仕事を仕事としてできるチャンスは限られているので、あまりピンとこないかもしれません。でも、長い人生を考えると、何をテーマにして生きていくかを考えることはとても重要だと思います。それが将来に向けての生きがいになり、今の働きがいにつながるからです。

目の前の仕事、身近なことの中から

キャリアプランを考えるきっかけは、目の前の仕事、身近な生活の中にあります。

公務員の仕事は、社会的な課題に向き合うものが多く、仕事として関わっているうちに、それがライフワークになることがあります。今、私は、女性をテーマに活動していますが、きっかけは男女共同参画の仕事をしたことでした。コーチングや産業カウンセラーの資格を取得したのは人事の仕事をしたからです。社会教育に携わった経験を活かしてホワイトボード・ミーティング®を広げる活動もしています。退職後の働き方や生き方もそれらの延長線上に描いています。

知人の中には、福祉の仕事をきっかけに、退職して福祉の現場で働いている人もいますし、職員研修の担当で培ったスキルを活かして講師として起業した人もいます。子育て中に関わった学童保育の運営に携わる人もいますし、被災の経験から防災活動に取り組む人もいます。まずは、目の前に現れた課題に対して、自分にできることは何かを考え実行しているうちに、やりたいことが見えてくる、そんなイメージです。

家族で考えるキャリアプラン

私の夫は会社員でしたが、50代前半に早期退職して、バーのマスターになりました。正直、「定年後にやったら？」と思いましたが、「今、元気なうちに始めたい」と言う彼の気持ちを尊重しました。私が公務員として働いているからできたチャレンジではありますが、私が働き続けられたのは、家事・育児に積極的に関わった夫のおかげです。起業した夫は定年がなくなり、自分の好きなことで働き続けることができるようになりました。それによって、私の退職後の働き方や活動の範囲も広がることになります。

キャリアプランは自分だけのものではありません。家族の仕事や健康状態によって計画どおりに進まないこともあるでしょう。だからこそ「10年後、20年後、自分はどうなっていたいのか」を考え、できる準備を始めておくことが大事です。

仕事だけじゃなく、人生において何をしたいのかという視点を持つ

対談④

『介護も仕事もあきらめない』

吉川貴代さん
大阪府八尾市　こども未来部長

――吉川さんは、15年以上、親の介護を抱えながら、管理職を務めておられます。仕事と介護をどのように両立されているのか、実際にどんなご苦労があるのか、伺ってみました。――

いつもFacebookの〝親問題の記録として〟拝見しております。毎日、大変でしょうね。

親問題は2002年に母が内蔵疾患で入院したのが最初で、その後、悪化し、2008年頃から本格化しました。2012年には父母のダブル介護に陥り、2015年に母が亡くなるまでの約3年間がピークでした。今は、「家を離れたくない」という90歳の父の希望に沿って、「限界まで在宅」と決め、ヘルパーさんやデイサービス等の「外注」でなんとか乗り切っています。良い介護サービス事業者さんと出会えたおかげです。本当に感謝しています。

最初から外注だったのですか？

そもそも私は、人の世話が苦手ですし、ダブル介護になった時点で、私の手には負えないことは明らかでした。もし、私が休業して介護だけに向き合っていたら、高齢者虐待をしていたかもしれません。私は介護保険の実務経験もあるし、社会福祉士の資格も持っていますが、親の介護でこれほど困るとは思っていませんでした。

例えば、どんなことで困ったのですか？

介護保険の制度のこともよくわかっているし、実際に父のようなケースであれば、在宅よりは設備の整った施設の方が安心だと思うのです。でも、自分の親となると感情が割り切れないというか、家族としての歴史もあるし、施設に入れたら可哀想だとか、いまさらながら親孝行の気持ちもわいてきたりして。でも、身体介護をするのは受け入れがたい。難しいです。

これから介護問題に直面する方にアドバイスするとしたらどんなことですか？

まずは、オープンにしてくださいということですね。隠す必要はありません。家族だけで抱えるのは無理ですし、職場でも理解を得ていた方が、いろいろと立ち回りもしやすいと思います。それと、辞めるというのは最後の選択肢としてくださいということです。親が亡くなっても自分の人生は続くわけですし、生活基盤がなくなるのは危険だと思います。おそらく、親も、子どもにはできるだけ迷惑をかけたくないと思っていますし、仕事を辞めることは望んでいないのです。そのために、介護休暇や休業は、状況やポジションにもよるとは思いますが、わりきって使ったらいいと思います。子育てもそうですけれど、公務員という仕事をしているからこそ、介護の経験は活かされると思います。外注できるものは割り切って使った方がいい。できれば、親が元気なうちに、介護が必要になったら、介護サービスを使うことを早めに説得しておくことも大事なことだと思います。あとは、細かいことですが、親のお金はちゃんと把握しておきましょうということです。年金をいくらもらっていて、貯蓄等はどうしているのか。親が弱ってくると、介護保険の活用ということになりますが、介護サービス利用の一部負担金であるとか、入院に伴う諸経費とか、結構、お金がかかるのです。親に蓄えがないとか年金が少なければ、それなりの準備も金銭的負担も必要になります。それと一番大事なことは、〝頑張らない〟ですかね。〝介護は出口の見えないトンネル〟なので、できるだけのことをしようという考えは捨てることだと思います。

とても参考になります。ありがとうございます。話は変わりますが、吉川さんが送ってくださった『議会答弁ノウハウ』の資料、これ素晴らしいですね。これはどうして作成されたのですか？

私の議会答弁本格デビューは平成22年なのですが、これまで担当した部門が政策企画関係だったり、コミュニティ関係だったりで、答弁の回数やジャンルがやたらに多いのです。最初はよくわからずに、失敗もしましたけれど、10年以上の経験があるわけで、後に続く人たちに、何か体系化したものを伝えたいなと思って。まだまだ女性管理職は少ないので、まずはとっかかりとして読んでもらって、その中から自分のスタイルを確立してもらえばいいかなと。

答弁の場面もだけれど、日頃の積み重ねが大切と書いてありますね。

そうなのですよ。普段、話してないことは議会では話せないのです。そのために、調べたり、職員と話をしたり、アンテナを張ったり、普段から心がけておかないとですね。

資料には試作品と書いてありますが、完成品ではないのですか。欲しい方もいらっしゃると思いますけれど。

続きを書き加えて、ブラッシュアップしたいと思っています。ご希望があれば、差し上げますし、お話もしますよ。

それは嬉しいです。拡げていきたいですね。それと、吉川さんには自治体の女性管理職ネットワークを作りたいという思いがあると伺いましたが。

そうなのです。やはり、女性管理職をもっと増やしたいと思うのです。意志決定の場において、普通に、男女が半々いる状態になれば、行政施策が変わると思います。それと、管理職は重いと感じる人も多いと思いますが、管理職だからできることもあるし、私は意外とよいものだと思うのです。

私もそう思います。

でも、まだまだ現実は、部長や課長はほとんど男性ですよね。係長級の女性はかなり増えましたけれど、課長補佐級以上になるとそうでもない。そこで、私としては、次世代にバトンを渡す役目があると思って、50代だからできることをしたいと思ったわけです。例えば、これまでどのような危機があって、どう乗り越えたのか経験談をシェアしたり、うまくいっている事例を学び合ったり、知恵を伝える場があったらいいなと。

具体的にはどんな感じですか？

今はまだコロナの関係で、リアルに集まって交流するのは難しいので、まずは、Ｆａｃｅｂｏｏｋのグループやリモートでのやりとりになりますかね。50歳代の管理職自身の振り返りや、仕事の良さや工夫の発信、子育てや介護への知恵なんかを30代や40代につなぐことができたら嬉しいですね。

いいですね！　私も仲間に入れてください。

ぜひぜひ！　立ち上げメンバーに入ってください。まずは10人ほどのスモールスタートで、じわじわ拡げていきたいと考えています。２０４０年には、女性管理職が普通のことになっているはず。「女性」ってわざわざ言わない時代になれば……。それまでに私達にできることをやっていきましょう。

――吉川さんには、当初、仕事と介護の両立について伺う予定でしたが、企画中の公務員女性管理職ネットワークの話題で盛り上がり、今後の展開が楽しみになってきました。この本を読んでくださった方にも参加していただけたら嬉しいです。――

前著について、ある日、メッセージをいただきました。

「現在、病気療養中で、病院で塞ぎ込んでいたところ、村川さんの本を拝読し、元気をいただきました。早く復帰して、頑張りたいと思います」

お会いしたことはない公務員女子の方からでしたが、そんな風に読んでくださった方がいたことが嬉しくて、涙が出ました。

正直、2冊目を書くことには迷いがありました。特に、華々しい実績もない普通の公務員ですので、さらに皆さんのお役に立てることを書ける自信がありませんでした。ちょうど世の中が新型コロナウイルスの影響で冷え切っている頃でもあったので、そんな時に書いてもいいのかなぁ～と思うこともありました。

でも、そんな温かいメッセージに背中を押され、コロナ禍の中で懸命に働く仲間の姿に勇気をもらい、私にできることを私らしくやってみようと思い直しました。

今回は、具体的な相談事に対して、「こうしてみたら？」「こんな方法もあるかも」と私なりの回答を書かせていただきました。前著に対するいろいろな感想をいただく中で、悩んだり、苦しんだり、困ったりしている公務員女子が多いことにあらためて気づかされたからです。おばちゃんになってくると、それなりに経験も積み、頼れる人脈もできて、精神的な余裕も生まれます。でも、若い頃は、そういう長い目で見ることができず、小さなつまずきで転んでしまうことがあります。それも貴重な経験ではありますが、長い間、一人で抱え過ぎると、立ち上がれなくなってしまいます。だからといって、キツいことを避けてばかりいると、力が蓄えられず、あとでもっと苦労することになります。そんないろいろな思いを込めて、書かせていただきました。退職まであと3年半。多少のおせっかい感は否めませんが、後輩の皆さんの気持ちに寄り添うことができたら、嬉しいです。

日頃からフォローしてくれる職場の皆さんはもちろん、オフサイト活動でつながっている方々、前著からご縁をいただいた皆さんの貴重なアドバイスには本当に感謝しています。それと、辛抱強く支えてくださる編集者の松倉さん、相変わらず、いい加減（笑）でほうっておいてくれる家族のおかげだと感謝しています。

村川美詠

著者紹介

村川　美詠（むらかわ・みえ）

諫早市役所健康福祉部障害福祉課長　1963年生まれ。
1986年に諫早市役所入庁。選挙管理委員会事務局、障害福祉室、職員課、男女共同参画課課長補佐、教育総務課課長補佐、職員課課長補佐、生涯学習課長を経て現職。
諫早市職員の自主活動グループ「おこしの会」で、対話・学び・交流の場づくりを、市内の異業種の女性からなる「諫早市もりあげガールズ」で地域おこしの活動を行っている。
著書に、『自分もまわりもうまくいく！　公務員女子のおしごと帳』（学陽書房）。

すべての働きづらさをふきとばす!

公務員女子のおしごと相談室

2020年９月25日　初版発行

著　者　村川《むらかわ》　美詠《みえ》
発行者　佐久間重嘉
発行所　学 陽 書 房
〒102-0072　東京都千代田区飯田橋1-9-3
営業部／電話　03-3261-1111　FAX　03-5211-3300
編集部／電話　03-3261-1112　FAX　03-5211-3301
http://www.gakuyo.co.jp/
振替　00170-4-84240

ブックデザイン／スタジオダンク
イラスト／河尻みつる
DTP制作・印刷／精文堂印刷　製本／東京美術紙工

ISBN 978-4-313-15119-2 C0034